KB159919

현대

질문하는 한국사5

김수자 글 — 나오미양 그림

질문하는 한국사 5

현대

나무를 심는 사람들

역사에 질문을 던지는 것은
더 나은 미래를 위한 첫걸음

왜 그 일이 그때 일어났나요? 그렇게 한 이유가 뭐예요? 그 일은 언제 발생했나요? 등 역사에 질문을 던지고 그것에 대한 답을 찾아가는 과정은 지금, 여기의 사람들을 알아가는 과정이기도 합니다. 호기심에 가득 차 질문을 던지고 답을 구하고자 하는 것은 과거라는 이름으로 조용히 존재하는 사실(史實)을 현재의 우리와 연결시켜 살아나게 합니다. 그 사실은 매우 의미 있게 나에게 옵니다. 그래서 세상에 대해, 시간에 대해 궁금해하고 질문을 던지고 답을 찾는 과정은 인간을 이해하고, 나를 찾아가는 과정이라고도 할 수 있습니다.

우리는 작은 것이라도 질문해야 합니다. 역사적 사실에 대해서도, 현재에 일어나는 일들에 대해서도 왜 그랬을까? 이유가 뭘까? 왜 그럴까? 등등.

질문하지 않고 침묵하는 것이 얼마나 무서운가를 역사는 잘 보여 줍니다. 침묵하면 불합리한 일들을 그대로 해도 된다고 생각합니다. 저항의 소리를 내지 않으면 그냥 밀어붙여도 된다고 여깁니다. 특히 권력을 가진 사람들은 더 그랬습니다. 그래서 침묵하는 틈을 타, 하면 안 되는 일들을 하고, 정권을 연장시키고, 권력을 강화해 나가기도 하죠. 그러나 역사를 보면 언제나 불합리한 일들에 침묵하지 않는 사람들이 있었습니다. 그들은 국민이었고, 시민이었습니다.

우리나라 역사에서 현대의 시작은 해방으로부터 시작됩니다. 해방은 모든 속박으로부터 벗어나는 것을 의미합니다. 그러나 한국인에게 해방은 구속으로부터 벗어나는 것이 아닌 분단으로 이어졌습니다. 분단으로 남북한이 대치됨에 따라 국민의 권리와 자유는 말할 것 없이 민주주의 발전에 많은 제약을 받았습니다. 각 정권들은 자신들의 권력을 강화하기 위해 헌법을 고치고 국민의 인권과 권리를 약화시키거나 제약했습니다. 그러나 그때마다 한국인들은 초등학생에서부터 어른에 이르기까지 부조리한 것에 저항했습니다. 이것이 한국 민주주의의 발전 과정이었습니다.

역사에서 그냥 주어지는 것은 없습니다. 현재 우리가 누리는 것들은 과거의 많은 사람들이 싸우고, 싸워 얻어 낸 결과들입니다. 그래서 역사는 그러한 행동들에 담긴 의미들을 되새기는 과정이기도 합니다. 이것은 미래에도 그대로 연결될 것입니다. 미래는 현재의 모순들을 극복하고, 극복해 낸 결과들이 드러나는 곳이겠죠.

미래가 현재와 다른 조금 더 나은 곳이 되게 하기 위해 할 첫걸음 중 하나는 지금 이곳에 대해 질문을 시작하는 것입니다. 지금 우리는 잘 살고 있는가? 어떻게 하면 모두 다 같이 행복해질 수 있을까? 등등에 대하여….

현재에 대해, 역사적 사실에 대해 끊임없이 질문하고 그 질문에 답을 찾아가는 과정이 이어지기를 기대해 봅니다. 이번 책에는 40개의 질문이 있습니다. 그러나 앞으로 50개, 70개, 100개가 넘는 질문들이 나오고 그에 대한 사실들을 찾아보는 과정이 이어지기를 기대해 봅니다.

차례

3장

민주주의 발전 과정

산업화는 어떻게 이루어졌나?

5장
학교에 어떤 일이 일어났을까?

6장
다채로운 사회·문화

7장

북한 그리고 이웃 나라와의 관계는?

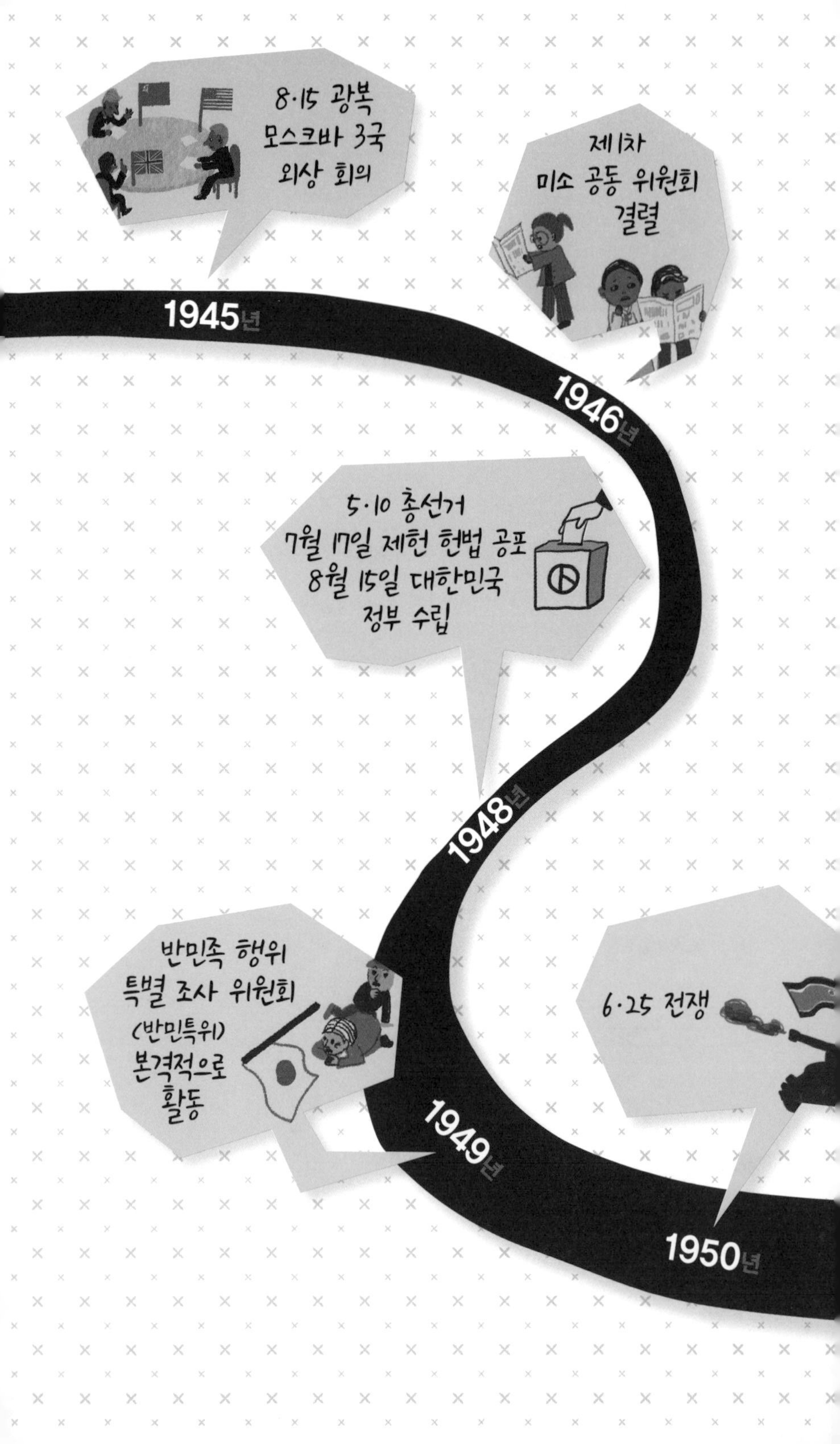
8·15 광복
모스크바 3국
외상 회의
1945년
제1차
미소 공동 위원회
결렬
1946년
5·10 총선거
7월 17일 제헌 헌법 공포
8월 15일 대한민국
정부 수립
1948년
반민족 행위
특별 조사 위원회
(반민특위)
본격적으로
활동
1949년
6·25 전쟁
1950년

1장

대한민국의 수립

1

8·15 광복이 미국과 소련 덕분이라고?

1945년 8월 15일 정오 12시, 라디오에서 일본 천황이 무조건 항복을 한다는 소리가 흘러나왔어요. 일본이 패전을 했고 우리 민족은 해방이 되었죠. 사람들은 손에 태극기를 들고 거리로 나와 다 함께 만세를 부르며 광복의 기쁨을 누렸어요. 그런데 일본의 패망이 무조건 기쁘지만은 않았대요. 왜 그랬을까요?

일본의 항복은 우리의 힘만으로 이뤄 낸 것이 아니었어요. 미군이 일본의 히로시마와 나가사키에 원자 폭탄을 떨어뜨리고, 소련이 일본과의 전쟁에 적극적으로 참여하자 일본이 연합국에 항복한 것이었죠. 그래서 우리나라의 해방은 미소 연합군 덕분이라고 말하기도 해요. 그러다 보니 패전국 일본과 관련해서 해결해야 할 문제를 미국과 소련이 주도하게 되었어요. 독립운동가들은 우리의 힘으로 일본의 항복을 받아 내지 못한 것을 원통해했어요.

그렇다고 우리 민족이 일본과 싸우지 않았던 것은 아니에요. 일제 강점기 동안 많은 사람들이 국내외에서 끊임없이 독립운동을 전개했어요. 중국, 연안, 소련, 미국 등지에 독립운동 조직이 있었죠. 1940년대에는 대한민국 임시 정부가 한국광복군을 조직하여 일본에 선전 포고를 했고, 연합군과 합류하여 각지에서 활동했어요. 자주적인 독립 국가를 세우려면 우리의 힘으로 일본의 항복을 받아 내야 한다고 판단하여 국내 진공 작전을 준비하기도 했지요. 그러나 이 작전이 실행되기 전에 일본이 연합국에게 항복을 한 거예요.

우리의 힘만으로 해방된 것이 아니었기 때문에 일본으로부터 독립은 되었으나 바로 독립 국가를 만들지는 못했어요. 일본과의 싸움에서 승리한 미국과 소련이 간여하게 되었기 때문이죠. 일본의 항복 이후 한반도에는 미군과 소련군이 일본군의 무장 해제를 이유로 38도선 이남과 이북에 각각 주둔했어요. 1945년 8월 말에는 소련군이 나진, 청진 등에 상륙하여 북한의 전 지역에 배치되었어요. 그리고 같은 해 9월 초에는 미군이 인천을 거쳐 서울에 주둔하게 되면서 남한 전 지역에 군정을 선포했죠.

한편 대표적인 독립운동 단체들로는 대한민국 임시 정부, 조선 독립 동맹, 무장 투쟁 세력, 주미 외교 위원부 등이 해외에 있었고, 국내에는 여운형을 중심으로 한 건국 동맹이 있었습니다. 8월 15일에 여운형은 조선 총독을 만나 독립운동가들의 석방을 포함하여 여러 가지 요구 사항을 전달했어요. 그리고 새로운 정부를 세우기 위해 안재홍 등과 함께 조선 건국 준비 위원회를 만들었어요. 건국 준비 위원회는 불과 보름 만에 전국에 145개의 지부를 설

여운형 독립운동가, 언론가, 정치가이다. 대한민국 임시 정부에서 활동했고, 독립운동을 벌이다 3년간 감옥살이를 했다. 조선중앙일보사 사장으로 재직할 때 손기정 선수의 '일장기 말소 사건'을 주도했다. 광복 후 좌우 세력의 합작을 추진하였고, 대중적 지지를 받았다. 1947년 극우파에 암살당하였으며, 2005년에 건국훈장 대통령장(2등급), 2008년에 건국훈장 대한민국장(1등급)이 추서되었다.

치하고 사회 질서를 위해 치안대를 조직하여 활동을 벌였죠. 이후 해외에서 독립운동을 하던 많은 사람들이 돌아왔어요. 미국에서 활동했던 이승만과 중국에서 활동했던 김구, 김규식 등 대한민국 임시 정부 요인들이 차례로 귀국했죠.

"남과 북으로 분단된 이유"

그런데 미군이 남한에 주둔하게 되면서 건국 준비 위원회와 여러 독립운동 단체들의 활동은 제한되었어요. 남한의 최고 권력은 미군정이 갖고 있었기 때문이에요. 북한도 마찬가지로 소군정이 최고의 권력을 행사하고 있었죠. 우리나라의 미래와 관련하여 미국과 소련은 중요한 국가가 되었어요. 그런데 제2차 세계 대전 이후 미국을 중심으로 한 자유 진영과 소련을 중심으로 한 공산 진영의 대립이 심해졌어요. 이런 대립과 불신은 우리나라에 그대로 영향을 미쳤지요. 대표적으로 일본군을 무장 해제시키자고 임시로 나눈 38도선이 점차 남과 북을 나누는 정치적인 분단선으로 굳어졌어요. 그리고 국내 정치 세력들도 미국, 소련과 마찬가지로 이념적으로 서로 좌, 우로 나누어져 정치적 대립을 해소하지 못하고 분열되었죠.

광복과 함께 하나의 독립 국가를 세우지 못하고 서로 다른 이념을 가진 각각의 나라가 만들어진 이유를 이제는 알겠죠? 우리 민족이 일제를 상대로 지속적으로 독립운동을 전개했지만 결정적으로 우리의 손으로 일본의 항복을 받아 내지 못했기 때문에 권력을 빼앗긴 거예요. 우리나라를 다른 나라 사람들이 마음대로 하지 못하게 하려면 우리 스스로의 힘을 키워야 한다는 사실을 깨닫게 되었을 거예요.

2

신탁 통치 신문 기사가 오보였다고?

1945년 12월 27일자 〈동아일보〉 헤드라인에 '소련은 신탁 통치 주장, 소련의 구실은 38선 분할 점령, 미국은 즉시 독립 주장'이라는 내용이 실렸습니다. 모스크바에서 논의된 한국 독립 문제의 내용이 보도된 것인데, 이 기사는 한국인들에게 굉장한 충격을 주었어요. 그런데 이 내용은 잘못된 보도였습니다.

〈동아일보〉 기사는 모스크바 회의 결정 내용이 그대로 전달되기보다는 신탁 통치 결정이라는 측면만 부각하는 형태로 왜곡 보도되었습니다. 그리고 이것은 이후 문제를 심각하게 만들었어요.

모스크바 3국 외상 회의는 1945년 12월 16일부터 25일까지 미국, 영국, 소련의 외무장관들이 모여 제2차 세계 대전 이후의 문제를 처리한 회의입니다. 한국 문제에 관한 결정도 내렸는데, 미국은 신탁 통치안에 따라 미국, 영국, 중국, 소련 네 나라의 신탁 통치를 최장 10년간 실시할 것을 제의했어요. 반면에 소련은 먼저 임시 정부를 수립하고 한국인의 자주적 정부 수립을 4개국이 원조하자고 제안했지요.

최종적으로 모스크바 회의에서는 한반도에 독립 임시 정부를 수립하고, 이를 위해 미소 공동 위원회를 구성하고, 한국의 정당, 사회단체와 협의하며 최장 5년간의 신탁 통치를 실시한다는 내용의 '한국 문제에 관한 결정 안'을 마련했어요.

그러나 27일 한국인에게 알려진 모스크바 회의 내용은 신탁 통치에 대해서만 보도된 거예요. 이 기사를 읽고 한국인들은 당장 독립 국가를 세우지 못하게 되는 것으로 이해했고, 그 실망감은 너무나 컸습니다.

한편 〈동아일보〉의 보도를 보고 국내 정치 세력은 모스크바 회의 내용에 대해 찬성과 반대로 나뉘어 대립하게 되었어요. 찬성 측은 모스크바 회의 내용을 통일 독립 임시 정부 수립으로 이어진다고 이해하였고, 반대 측은 일단 독립이 미루어지고 신탁 통치가 실시되는 것이라고 해석했지요.

김구와 대한민국 임시 정부 세력은 모스크바 회의의 결정에 대해 가장 강하게 반대 운동을 전개했어요. '신탁 통치 반대 국민 총동원 위원회'를 결성하고 신탁 통치 반대 운동을 전국적으로 실시하였죠. 이들은 '모스크바 결정은 독립을 일단 유보시켰으며, 나아가 소련이 주도하는 신탁 통치를 통해 한국을 소련에 편입시키려는 결정으로 한국에는 예속의 길'이라고 주장했어요.

모스크바 회의의 결정에 찬성했던 대표적인 세력은 박헌영 중심의 조선 공산당이었습니다. 이들도 처음에는 반탁을 주장했죠. 그런데 며칠 후 모스크바 결정의 주 내용이 조선 임시 민주 정부의 수립이고, 연합국이 한반도에 통일 정부를 수립하는 데 도움을 주기 위한 것이라고 이해하고 받아들인 거예요. 이들은 신탁 통치를 후원의 의미로 해석하였죠.

"역사의 진실은 뭘까?"

그런데 모스크바 결정 내용에 대한 이해와 관련해 가장 큰 문제점 중 하나는 찬성 또는 반대하는 태도가 이념적 차이랑 연결된다는 것이었어요. 초기에 반탁 세력은 모스크바 회의를 지지하는 좌익 세력을 매국노로, 반탁을 주장하는 자신들을 애국자라고 주장했죠. 그런데 이러한 이분법적 구분이 설득력을 얻었어요. 그래서 점점 한국은 신탁 통치안 때문에 정치적, 이념적 대립이 커져갔어요. 일제가 패망한 당시 독립운동 세력인가, 친일 세력인가로 나누던 구분법이 완전히 바뀌게 되었습니다.

좌우익의 정치 세력들이 찬탁과 반탁으로 대립하고 있을 때, 모스크바 회의의 결정 내용을 실행에 옮기기 위해 미소 공동 위원회가 1946년 3월부터 5월까지 서울에서 열렸어요. 두 차례에 걸쳐 열렸던 미소 공동 위원회는 민주적인 정당과 사회단체의 자격 문제를 놓고 합의를 못하고, 무기한 연기되었어요. 1947년 5월에 다시 모였지만 서로 입장 차이는 좁혀지지 않아 또 결렬되었죠.

이 시기 미국과 소련의 사이는 좋지 않았어요. 연합국이었지만 점점 서로 믿지 못하고, 자신들의 이익만을 내세우다 보니 사이가 멀어졌죠. 어제의 동지가 오늘의 적이 된 거예요. 이로 인해 세계는 자유 진영과 공산 진영으로 나뉘어졌고 냉전 체제가 강화되었어요.

미국은 미소 공동 위원회가 결렬되자 한국 문제를 유엔에 상정했습니다. 유엔 총회에서는 인구 비례에 따른 남북한 총선거 실시를 결정했어요. 총선거를 통해 통일 정부 수립을 결의한 건데, 이 안에 대해 소련이 거부했죠. 인구 비례에 따라 선거가 실시되면 인구가 많은 남한이 유리하고, 결국 미국이 유리하다고 생각한 거예요. 그러자 유엔은 선거가 가능한 지역에서만의 총선거 실시를 결의했어요.

모스크바 3국 외상 회의의 결정 내용이 국내에 잘못 알려지면서 국내 정국은 극단적인 대립으로 이어져 독립 국가 수립을 어렵게 했어요. 정확한 사실에 근거한 상황 판단과 이후 행동의 방침을 세우는 것이 매우 중요하다는 것을 보여 주는 예라고 할 수 있지요.

3 최초의 국회의원 선거는 언제였나?

"나는 집 보고, 어머니는 투표장", "너도 나도 한 표", "세우자 우리나라 빛나는 한 표" 등은 제헌 국회 의원을 선출하는 선거에 공모하여 당선된 표어들입니다. 1948년 5월 10일은 대한민국에서 재산, 나이, 성별의 차이 없이 보통 선거가 처음으로 실시된 날이에요.

5·10 총선거라고 부르는 이 선거는 새롭게 탄생할 국가의 헌법을 만드는 국회 의원들을 뽑는 선거였습니다. 이들을 헌법을 만드는 국회 의원이라고 해서, 제헌 의원이라고도 합니다. 그리고 이렇게 구성된 국회를 제헌 국회 또는 제1대 국회라고 부릅니다.

선거는 민주주의 국가에서 국민이 대표를 선출하는 중요한 수단입니다. 그래서 선거권 획득의 역사는 민주주의의 역사라고 불리지요. 한국인들은 처음 치르는 선거에 감격하고 설레기도 했지만 안타깝게도 주저하는 마음도 가졌어요. 이 선거가 북한에서 반대하여 남한에서만 실시되었기 때문이죠. 단독 선거로 치러지면 북한과 남한이 영영 분단될까 봐 두려웠어요. 그래서 입후보하지 않은 사람들도 있었고, 실제로 투표장에 가지 않은 사람들도 있었죠.

남한에서만 선거를 실시하는 것으로 결정되자 선거 반대 운동이 일어나기도 했어요. 대표적으로 김구, 김규식은 만약 선거가 실시되면 한민족이 분단될지도 모른다며 강하게 반대했죠. 이것을 막기 위해 남북 협상을 제안하고 북한의 김일성, 김두봉을 만났지만 기대한 성과를 거두지는 못했어요.

제헌 의원 선거는 남한에서 최초로 실시된 보통 선거라는 역사적 의미를 지니고 있습니다. 제헌 의원 선거는 대한민국 정부를 탄생시킬 의원을 뽑는 중요한 일이었기 때문에 최대한 많은 사람들이 참여하는 것이 중요했어요. 미군정은 한국인들의 선거 참여를 높이기 위해 다양한 선거 캠페인을 실시하였죠. 투표하는 방법을 담은 포스터를 곳곳에 붙이고, 선거의 중요성을 알리며 애국심을 고취시키는 내용의 영화를 전국에서 상영하였어요.

"세우자 우리나라 빛나는 한 표"

제헌 의원 선거는 21세 이상이면 자동적으로 투표할 수 있는 자격이 주어졌지만 반드시 사전에 스스로 등록해야만 투표할 수 있었어요. 사전에 유권자인 것을 확인받고, 선거 당일 투표장에 가서 투표하는 방식을 취했죠. 혹시나 투표권이 없는 사람들이 와서 투표할까 봐 미연에 방지한 것이었어요. 투표율은 등록률의 95.5%로 높았습니다. 이렇게 높은 투표율은 선거에 대한 많은 홍보가 이루어졌기 때문이었죠. 또 처음 투표하는 것에 대해 사람들이 설렘과 희망을 품고 있었던 것 같아요.

3

투표로 198명의 제헌 국회 의원이 선출되었습니다. 원래는 200명의 의원을 선출해야 하는데 제주도에서 4·3 항쟁으로 선거 실시가 어려워 2명의 의원을 선출하지 못했어요. 제헌 국회는 5월 31일에 문을 열었습니다. 국회는 먼저 대한민국이라는 국가 이름을 정했어요. 그리고 국가 운영의 기본이 되는 헌법을 제정했지요. 헌법 제1조에 '대한민국은 민주 공화국이다. 대한민국의 주권은 국민에게 있고, 모든 권력은 국민으로부터 나온다'라고 분명하게 명시하였어요.

4

정부에는 어떤 사람들이 등용되었을까?

1948년 7월 17일 헌법이 공포되고 정부 조직법이 완료되었어요. 국가를 운영하는 기본 틀이 완성된 것이었죠. 이후 국민들의 관심사는 대통령, 부통령, 국무총리 및 각 부의 장관, 차관에 등용되는 사람들이었어요. 어떤 인물이 등용되느냐에 따라서 대한민국 초기 정부의 성격이 결정되기 때문이었죠.

대통령과 부통령은 국회에서 국회의원이 선출했어요. 재적 의원 3분의 2 이상 출석과 출석 의원 3분의 2 이상의 찬성으로 선출하도록 되어 있었죠. 국무총리는 대통령이 임명하고 국회의 승인을 얻어야 했어요. 그 외 각 부 장관은 대통령이 임명하면 되었죠. 대통령은 이승만이 될 것이 거의 확실시된 상황에서 관심이 집중된 것은 부통령과 국무총리였어요. 부통령은 실질적 권력을 행사하는 존재라기보다는 대통령이 사고로 직무를 담당하지 못할 시 대행하거나 대통령을 견제할 수 있는 상징적 성격이 강한 직무였죠. 국무총리는 부통령과 마찬가지로 대통령 유고 시 권한을 대행할 수 있을 뿐 아니라 대통령 보좌와 총리로서의 실질적 권한을 가지고 있었어요.

7월 29일 국회 의원들은 오전에는 대통령을, 오후에는 부통령을 선출하는 투표를 하였어요. 투표 결과는 바로 나왔죠. 대통령은 이승만이 당선되었어요. 대통령으로 선출된 후 이승만은 "국회의원 여러분! 내가 오늘 대통령의 이름으로 등장하게 된 광영을 가진데 대하여 여러분께 감사합니다. 이제 정부는 수립되었으니 정부에 참여할 인사는 개인이나 당파의 영광과 복리를 떠나 국가를 위해 투쟁할 인물이어야 할 것이며…… 나를 끝까지 믿어 주시고 나에게 맡겨 주시오."라는 당선 소감을 발표하였죠.

"국회 의원이 대통령, 부통령을 선출"

부통령에는 임시 정부에서 활동한 이시영이 당선되었어요. 이시영은 "여생을 국가 민족과 조국 광복을 위해 바치려고 결심한 것은 하루 이틀이 아니었는데, 오늘 보잘것없는 재주를 가진 이 사람에게 이 중대한 자리를 맡겨 주신 데 대하여는 국회 의원들과 동포에 감사를 드리는 동시에 영광으로 생각합니다."라며 소감을 발표하였죠.

이승만 대통령은 국무총리에 목사이자 조선 민주당 부당수였던 이윤영을 임명하였지만, 국회에서는 이윤영 국무총리 승인 요구안을 부결시켰습니다. 과도하게 비밀에 부치어 국회와의 사전 교섭을 할 여유가 없었다는 점, 국회 내 세력이 너무 약한 인물이라는 점 등을 이유로 꼽았죠. 이승만 대통령은 2차로 이범석을 임명하였어요. 국회에서는 이범석 국무총리 승인 요청안을 110대 84로 승인하였죠.

국무총리 인선이 일단락되자 대통령은 각 부 장관의 임명을 발표하였습니다. 8월 2일 재무부, 법무부, 농림부, 교통부 장관을 임명하였고, 8월 3일 내무부, 사회부, 문교부 장관을 임명하였어요. 8월 4일 상공부, 체신부, 외무부 장관을 임명하였고, 국방부 장관에는 이범석을 겸임시켰습니다.

하루씩 차이를 두고 장관 임명을 발표해서 사람들은 의아해했죠. 이것은 임명되는 인물들에 대한 국민들의 반응을 살펴보기 위한 것이었어요. 당시 언론들은 3일에 걸쳐 3~4명씩 토막 내서 발표했다고 하여 '두부 내각'이라 지칭하였어요. 또 조직이나 세력을 가지고 있는 인물이 거의 없다며 '약체 내각'이라 부르기도 했어요. 그리고 내무부, 상공부 장관에는 자신의 개인 비서 역할을 담당했던 친밀한 인물들을 임명하여 '이승만 개인 내각'이라는 평가도 받았습니다.

내각 구성과 관련해서 가장 큰 불만을 가진 세력은 한민당이었어요. 한민당은 이승만 대통령에게 배신당했다고 생각했죠. 헌법이 제정되고 정부가 수립되는 과정에서 대통령에게 많은 걸 양보했고, 그 대가로 한민당 출신이 내각에 다수 기용될 것이라고 생각했는데 그렇지 않았기 때문이었어요. 내각 구성이 끝나자 한민당은 이승만 정부에 대해 시시비비주의, 즉 옳은 정책에 대해서는 옳다고 말하겠지만 옳지 않은 일에 대해서는 반대하겠다는 의미이자, 더 이상의 무조건적 지지는 없음을 표방했어요. 내각을 구성하며 대통령과 국회는 대립 상황에 놓이게 되었습니다.

5

친일파 청산이 흐지부지된 이유는?

일제가 한국을 식민지로 만드는 데 협조한 사람은 슬프게도 이완용과 같은 을사 5적, 정미 7적만 있지는 않았어요. 일제 강점기로 들어서면서 일제에 협력하고 자신의 이익을 챙기는 사람들이 늘어났죠. 이들을 반민족 행위자, 친일 세력, 친일파라고 부릅니다.

2009년 출간된 『친일 인명 사전』에는 친일파를 분명하게 밝히고 있습니다. 친일파는 일제의 침략과 강제 병합에 협력한 자, 일제 시기에 관리, 경찰, 헌병, 군인 등으로 활동하며 일제 지배에 적극 협력한 자, 민족 운동, 독립운동을 탄압하거나 방해하는 데 앞장선 자, 내선일체 등을 주장하며 황국 신민화 운동에 앞장선 자, 일제 침략 전쟁을 찬양하는 강연과 헌금, 헌납 등으로 전쟁에 협력한 자, 전쟁을 이용해 경제적 부를 축적한 자, 정신대 및 일본군 '위안부'를 강제로 동원하고, 징용, 징병의 동원을 강제하거나 이에 협력한 자 등으로 규정하였습니다.

친일파는 왜 생겨났을까요? 왜 독립운동가들을 잡아다 고문을 했을까요? 왜 일제의 전쟁에 한국의 젊은 남성과 여성들에게 군인으로, 정신대로, 일본군 '위안부'로 나가라고 연설을 했을까요? 영화 〈암살〉에는 이것에 대해 생각해 볼 만한 대사가 나옵니다. "몰랐으니까… 해방 될지 몰랐으니까…." 한국이 해방이 될지 몰랐기 때문이라거나, 또는 해방이 될 줄 알았으면 그렇게 했겠냐는 말입니다. 이 말은 친일파들은 한국의 해방을 원하지 않았다는 이야기이기도 합니다. 그러므로 광복을 맞이하여 독립 국가를 만드는 과정에서 이들을 제대로 처벌하고, 새롭게 만드는 국가에 참여시키지 말아야 하는 것은 당연한 일이었죠.

해방 직후부터 일본인 관리보다 한국인 관리들이 폭행당한 사례가 훨씬 많았습니다. 당시 기록에 따르면 경기도 한 경찰서에는 일본인 경찰의 출근율은 90%였지만 한국인 경찰의 출근율은 20%밖에 안 되었다고 나와 있습니다. 한국인 경찰들이 사람들에게 응징을 당할까 봐 두려웠기 때문에 출근을 안 한 것이었겠죠. 그런데 미군이 들어와 군정을 실시하면서 행정의 공백을 막아야 한다는 이유로 친일 관리, 친일 경찰들을 기용하였어요.

그러나 대한민국 정부가 수립된 후 다시 친일파 처벌에 대한 요구가 강해졌습니다. 제헌 국회는 '반민족 행위 처벌법'을 제정하고, '반민족 행위 특별 조사 위원회'를 구성하였어요. 독립운동가 출신인 김상덕 의원을 위원장으로 하고, 1949년 1월 8일부터 활동에 나서 친일 인물을 조사하기 시작했죠. 박흥식, 이광수, 최남선, 이종형, 김연수, 노덕술, 박종양, 최린 등이 대표적으로 꼽힌 친일 인물이었어요. 그런데 일제 시기 경찰이었던 사람들의 반발이 커서 여기저기서 몸싸움이 벌어지기도 하였습니다.

반민족 행위 특별 조사 위원회는 총 682건을 조사했어요. 이 중 221건을 기소했고, 재판부 판결까지 진행된 것은 불과 40건에 지나지 않았어요. 최종적으로 14명만이 사형과 징역 판결을 받았죠. 그러나 실제로 사형이 집행되지도 않았어요. 그리고 조사를 받은 사람들도 하나둘 풀려나게 되면서 그 활동은 힘을 잃었습니다. 이때 해결하지 못한 친일 청산의 문제는 오늘날까지도 이어지고 있어요.

"친일 청산의 문제는
오늘날까지 이어져"

그럼 왜 친일파 청산이 흐지부지되었을까요? 가장 중요한 이유는 이승만 정부의 친일 청산에 대한 의지가 약했기 때문이에요. 이승만 대통령은 성명서를 통해 친일파 처리는 신중하게 하고, 정부가 안정된 후에 하자고 미루는 모습을 보였어요. 아직은 친일파 처리가 이루어질 때가 아니라고, 친일 경찰들은 동요하지 말라고까지 하였죠.

반민족 행위 특별 조사 위원회 사무실이 습격당하는 일이 벌어지기도 하였어요. 게다가 제헌 국회에서 제정한 '반민족 행위 처벌법'의 공소 시효가 1950년 6월 20일에서 1949년 8월 31일로 단축되어 버렸죠. 친일파 청산은 많은 국민이 원했지만 제대로 이루어지지 못했어요. 이것은 역사적으로 나쁜 일을 하고서도 제대로 처벌받지 않은 선례, 사회 정의를 이루지 못한 나쁜 선례가 되어 오늘날까지도 이어지고 있습니다.

6

농지 개혁법은 왜 누더기가 되었을까?

'농지는 농민에게 분배한다'는 원칙에 기초한 농지 개혁법은 농민들의 최대 관심사였어요. 해방 직후 많은 농지가 소수의 지주에게 집중되어 있었죠. 직접 농사를 짓는 농민은 소작료를 지급하며 지주의 농지를 빌리는 경우가 많았습니다.

지주 소작 관계를 보여 주는 당시 자료를 보면 총 농가 호수 중 자작농의 비율은 13.8%에 불과했어요. 자작농이지만 규모가 작아 소작을 함께하는 농민과 소작만 하는 농민의 비율은 83.5%에 달했죠. 해방 직후 농민들이 가장 원했던 것은 지주에게 지불하는 소작료를 낮추는 것과 일본인 지주의 토지를 합리적으로 농민에게 분배하는 것이었어요.

대한민국 정부가 수립된 직후 1948년 11월 농림부와 농지 개혁법 기초 위원회는 본격적으로 농지 개혁법 기초 작업에 들어갔어요. 농림부 안의 핵심은 농가 1가구당 3정보 이상의 토지를 정부가 사서 농민에게 파는 방식인 유상 매수, 유상 분배 방식을 채택하였어요. 이를 실현하기 위해 세 가지 구체안이 마련되었습니다. 첫째, 농지 개혁을 실시할 때까지 농지의 매매 및 소유권 이동을 금지시키는 긴급 조치안을 포함하였죠. 농지 개혁을 하기 전에 지주들이 땅을 마음대로 파는 것을 막기 위한 것이었어요. 둘째, 땅값인 지가 산정을 땅에서 나는 연평균 생산량의 150%로 하고, 농민이 땅을 살 때 30%를 정부가 보조해 주기로 하였어요. 셋째,

지주에게는 3년 거치 10년 균등 보상을 약속하였어요. 농림부의 이 안은 농민들이 반겼을 정도로 친농민적이라는 평가를 받았습니다. 초대 농림부 장관인 조봉암의 개혁 성향이 반영된 것이라는 말도 있었죠.

"농민들에게는 불리
지주들에게는 유리"

그런데 공청회와 국무회의의 심의를 거치면서 농림부 안의 내용이 바뀌었어요. 바뀐 내용은 첫째, 농지 이동을 금지하는 긴급 조치 조항의 삭제였습니다. 둘째, 지가 산정에서 농림부 안의 연평균 생산량의 150%가 정부 안에서는 200%로 상향되었습니다. 셋째, 지주 보상에서 3년 거치 기간이 없어졌습니다. 국무회의를 거친 정부 안은 농민들에게는 불리하고 지주들에게는 유리해진 안이었어요. 국무회의를 이끄는 각 부 장관들 중에 다수가 지주 출신이었기 때문에 이런 결과가 나온 것이었죠. 국회에서도 법을 제정하며 가장 우려했던 것은 지주 출신 국회 의원들의 반발과 비협조였어요. 실제로 회의를 개최하자마자 의사일정이 변경되고, 법안 상정은 보류되는 등 어려움이 많았습니다.

1949년 6월 국회는 유상 매수, 유상 분배를 원칙으로 하는 농지 개혁법을 통과시켰어요. 그리고 이 법이 적용된 지주들에게는 국가사업 우선 참여권을 주었지요. 이것은 지주들의 재산을 산업 자산으로 전환시켜 산업 자본가로 만들고자 하는 의도도 있었어요.

1950년 3월 농지 개혁법은 다시 개정되었습니다. 이 기간 동안에도 법은 초기에 농민들이 원했던 내용과는 여러 면에서 차이가 났어요. 그래서 당시 농민들은 농지 개혁법이 제정되고, 수정되고, 또 수정되는 개정 과정을 거치면서 누더기가 되어 가고 있다고 말했죠. 공포된 최종 농지 개혁법의 내용에는 농민들에게 농지 가격의 최대 30%까지 보조금을 줄 수 있다는 항목도 삭제되었어요.

3년이라는 시간을 끈 끝에 농지 개혁 사업은 비로소 실시 단계에 들어갔죠. 그런데 분배 대상 면적이 총 농지의 29%에 불과하였어요. 법이 제정되고 논의되는 사이에 지주들이 토지를 불법으로 팔았던 것이에요.

농지 개혁법 시행을 위한 조사가 실시되는 가운데 6·25 전쟁이 일어났어요. 그래서 전쟁 중에 농지 개혁법이 시행되었죠. 농지 개혁으로 토지 소유자는 지주에서 농민으로 전환되었어요. 농민들이 처음 생각한 바대로는 아니었지만 그래도 농지 개혁의 결과 대부분의 농민이 자기 땅을 가지고 농사를 짓게 되었습니다. 그러나 유상 매수를 위해 지주에게 발행했던 지가 증권은 전쟁 기간 동안 극심한 인플레이션으로 인해 그 가치가 하락하면서 지주의 산업 자본가로의 변신은 쉽지 않았습니다.

6·25 전쟁으로 혜택을 본 나라는?

1950년 6월 25일 한반도에서 전쟁이 일어났습니다. 미국 중앙 정보국(CIA)은 곧바로 전쟁을 분석하여 대통령 트루먼에게 보고서를 제출하였어요. 이 보고서에는 과연 어떤 내용이 담겨 있었을까요?

"북한의 공격은 특별히 아시아에서의 미국의 위신에 심각한 손상을 입히고, 전 세계적인 반공 사기를 떨어뜨리기 위한 것이다. 만약 이 공격에 대해 미국이 효과적인 반격을 하지 않는다면 크레믈린 즉 소련 정부는 다른 지역, 특히 동남아시아에서 좀 더 강력한 정책을 채택할 것이며, 중국 공산당으로 하여금 대만을 침략하도록 지원할 것이다. 만약 미국이 확고하게 반격을 한다면 소련은 세계 대전을 감수하지는 않을 것이며, 6·25 전쟁을 포기하거나 아니면 국지전화할 것이다."

CIA는 6·25 전쟁에 소련이 개입하고 있다고 생각하였습니다. 그러므로 미국이 6·25 전쟁에 대해 확고한 태도를 보이지 않으면 소련과 세계 대전을 치를 수도 있다고 분석한 것이었죠. 6·25 전쟁은 발발 직후부터 세계인의 이목이 집중되었어요. 왜냐하면 자본주의 진영과 사회주의 진영이 첨예하게 대립하여 냉전이 감도는 지역에서의 전쟁이었기 때문이죠.

전쟁은 일어난 지 3일 만에 북한군이 서울에 들어올 정도로 빠르게, 그리고 북한에게 유리하게 진행되었습니다. 국군은 한 달도 안 되어 낙동강 부근까지 밀려 내려갔죠. 그러자 미군이 중심이 된 유엔군이 참전을 하였어요. 미국은 전쟁 발발 직후 바로 유엔군을 결성하여 신속하게 전쟁에 개입하였죠. 유엔군은 1950년 9월 인천 상륙 작전을 성공하고 38도선을 넘어 평양, 그리고 압록강까지 진격해 올라갔어요. 그러자 공산화된 중국의 군대가 참전하였고, 전쟁은 국제전으로 변했습니다. 전쟁은 무려 3년 동안이나 지속되었죠. 1953년 휴전으로 전쟁은 일단락됐습니다.

6·25 전쟁은 전쟁의 직접 당사국이었던 남한과 북한에 엄청난 결과를 가지고 왔어요. 죽거나 다친 사람이 무려 500만 명이 넘었습니다. 당시 인구가 3천만 명이었으니 여섯 명 중 한 명은 죽거나 다친 것이었죠. 공장과 철도, 도로 등도 파괴되었고, 국토의 대부분이 초토화되었어요. 복구는 까마득해 보였습니다. 6·25 전쟁은 서로에게 큰 상처를 주었어요. 남한은 반공을 강조하고, 북한은 반미를 내세우면서 자기들 정권을 강화시켜 나갔습니다. 그리고 서로를 인정하지 않고 미워했죠.

"전범국 일본, 미국의 동맹국이 되다"

6·25 전쟁은 남북한뿐 아니라 이웃 나라인 중국과 일본에도 영향을 미쳤습니다. 전쟁 후 전 세계는 냉전 체제가 더욱 강화되

었어요. 미국은 동아시아에서 공산주의가 확대되는 것을 막기 위해 일본을 지원하였어요. 미일 안보 조약을 체결하고, 일본을 친미, 반공 기지로 만들어 소련과 중국을 막는 방파제로 이용하고자 하였죠. 일본은 아시아 태평양 전쟁을 일으킨 전범국에서 미국의 강력한 동맹국으로 바뀌었습니다. 제2차 세계 대전을 일으킨 전범자들에 대해서도 제대로 처벌하지 않았어요. 그래서 일본은 지금까지도 자신들의 잘못을 인정하지도, 반성하지도 않고 있습니다. 이뿐 아니라 일본은 전쟁 물자를 만들어 판매하는 등 6·25 전쟁 특수로 경제 호황을 맞았으며, 수출 제일주의를 내세우며 경제 대국으로 성장했죠.

중국에서는 중국 공산당 주석 마오쩌둥의 지도력과 권한이 확고해졌어요. 중화 인민 공화국을 수립한 후 남아 있던 저항 세력도 6·25 전쟁이 장기화되자 저항이 약화될 수밖에 없었어요. 전쟁을 계기로 중국 공산당 정권에 비판적인 세력을 숙청하여 사실상 마오쩌둥 일인 권력을 공고히 쌓을 수 있었습니다.

6·25 전쟁으로 동아시아 지역의 긴장은 세계 어느 곳보다도 팽팽해졌어요. 한반도는 자본주의 체제와 사회주의 체제가 서로의 생존을 위해 조금도 양보할 수 없는 곳이 되었죠. 오늘날 소련과 동유럽의 사회주의가 붕괴되고, 냉전은 역사의 유물이 된 상황에서도 한반도와 동북아시아에서 긴장이 사라지지 않는 것은 6·25 전쟁과 관련이 있습니다.

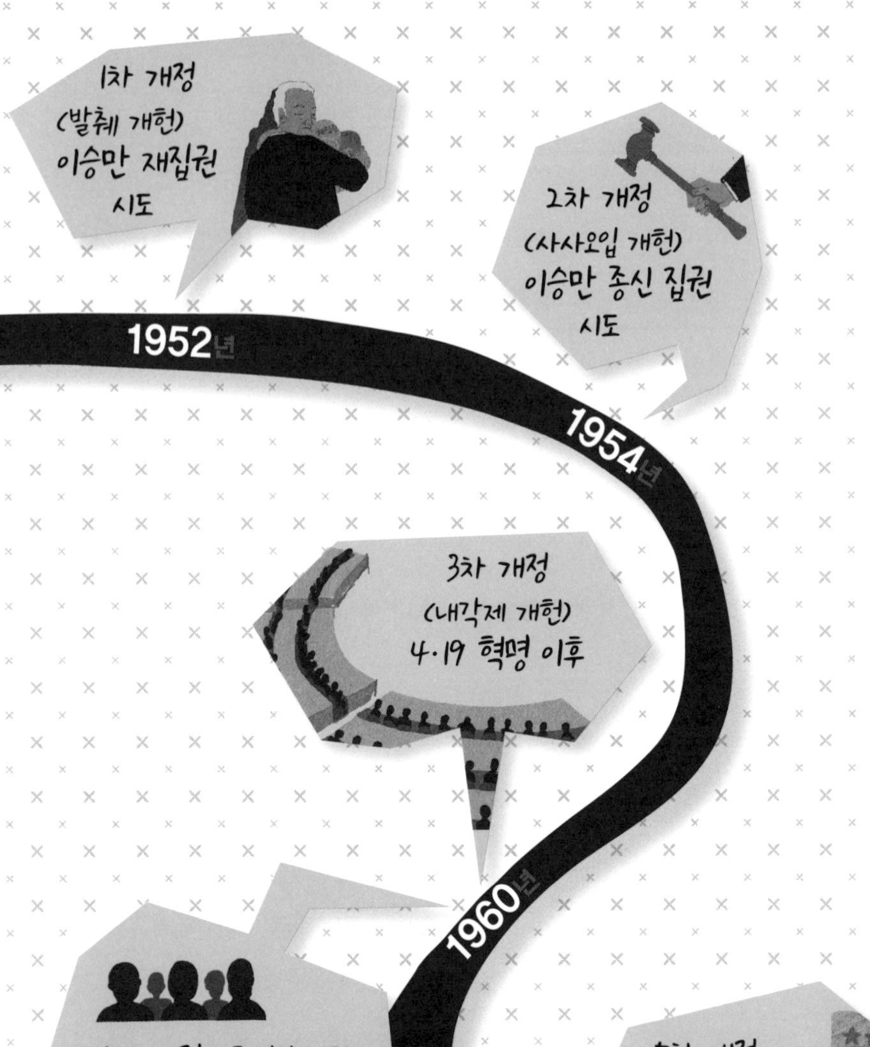
1차 개정
(발췌 개헌)
이승만 재집권
시도
1952년
2차 개정
(사사오입 개헌)
이승만 종신 집권
시도
1954년
3차 개정
(내각제 개헌)
4·19 혁명 이후
1960년
4차 개정(소급 입법 개헌)
3·15 부정 선거 관련자
처벌
5차 개정
(대통령 중심제)
5·16 군사 정변
이후
1962년

2장
헌법의 변천사
法典
헌법
6차 개정 (3선 개헌) 박정희 집권 연장 시도
1969년
7차 개헌 (유신 헌법) 박정희 종신 집권 시도
1972년

이승만 대통령은 왜 자유당을 만들었을까?

1950년 5월 30일 제2대 국회 의원 선거가 실시되었어요. 국회 의원의 정원은 210명인데, 후보자로 나선 사람은 2,209명이었어요. 대략 10대 1의 경쟁률이었죠. 제헌 국회 때 단독 선거라서 참여하지 않았던 사람들도 적극 참여하였어요. 그런데 이승만 대통령을 지지하는 사람들은 몇 명쯤 당선되었을까요?

제2대 국회 의원 선거에서는 친이승만계의 정당과 사회단체에서 54석, 한국 민주당 계열이 24석을 획득하였습니다. 가장 많은 의석을 차지한 곳은 무소속 그룹으로 126석이었어요. 국회 의원 중 이승만 대통령을 지지하는 여당 의원의 수가 야당 의원의 수보다 적었지요. 이러한 국회 분위기는 이승만 대통령의 입장에서는 매우 신경이 쓰이는 부분이었어요. 왜냐하면 2년 후에 실시될 대통령 선거는 국회 의원이 선출하기 때문이죠.

제2대 국회의 세력과 그 분위기를 잘 보여 주는 사건이 바로 제2대 부통령 선출이었어요. 제1대 부통령이었던 이시영이 이승만 대통령의 일 처리가 너무 독단적이라고 규탄하면서 사임하였어요. 국회는 부통령으로 야당 성격의 한민당을 계승한 민국당의 김성수를 선출했죠. 국회에서 선출되어야 하는 대통령인 이승만에게는 재선의 가능성이 약해 보일 수밖에 없는 상황이었어요.

제2대 국회가 열리고 한 달도 안 되어 6·25 전쟁이 일어났습니다. 이승만 정부는 서울 시민을 그대로 두고 피난하는 등 초기에 적절한 대응을 하지 못했어요. 거창 양민 학살 사건, 국민 방위군 사건 등에서 드러난 무능과 무책임에 대한 반감은 높아져만 갔어요. 부산으로 피난 간 임시 국회에서는 연일 이승만 정부의 실정을 탓하였죠. 이런 분위기의 국회에서 이승만은 자신이 차기 대통령으로 재선될 가능성이 매우 낮다고 판단하였습니다.

"대통령을 또 하려면
헌법을 바꿔야 해"

이승만은 대통령 선출 방법을 바꾸기로 결심하였어요. 국민이 직접 대통령을 선출하는 대통령 직선제를 생각했죠. 그런데 이것은 헌법을 바꿔야만 가능한 것이었어요. 따라서 헌법 개정을 준비하였습니다. 그 시작은 자신의 정치적 입장을 지지해 줄 정당을 만드는 것이었어요. 1951년 8월 25일 이승만 대통령은 자신을 중심으로 하는 정당을 만들겠다며 '신당 조직에 관한 담화'를 발표하였어요. 새로운 정당은 노동자, 농민을 중심으로 지방 조직까지 갖춘 전국적인 규모의 대중 정당이어야 한다는 내용이었죠.

발표 후 국회 안팎으로 새로운 정당 결성을 위한 움직임이 활발해졌습니다. 이 움직임은 1951년 12월 23일에 두 개의 자유당이 창당되는 결과를 낳았어요. 국회 의원들을 중심으로 신당을 조직하던 세력이 자유당이라 지칭하자, 국회 밖에서 대중 단체를 기반으로 신당을 결성하던 세력도 자유당이라 지칭하였죠. 그래서 국회 안의 자유당을 원내 자유당, 국회 밖에서 조직된 자유당을 원외 자유당이라고 불렀습니다.

정당을 결성하는 과정에서 이승만 대통령은 1951년 11월 30일 대통령 직선제와 양원제를 골자로 하는 개헌안을 국회에 제출하였어요. 원내 자유당은 정부 측 개헌안을 반대하였죠. 가장 큰 원인은 원내 자유당은 내각 책임제 개헌안을 추진하고 있었기 때문이에요. 그와 반대로 원외 자유당은 정부 측 개헌안을 지지하였습니다.

이런 상황에서 이승만 대통령은 원외 자유당에만 힘을 실어주었고, 원내 자유당은 약화되었죠. 이후 원외 자유당은 대통령 직선제 및 양원제를 주요 내용으로 하는 헌법 1차 개정(발췌 개헌)이 강제로 통과되는 데 영향력을 행사하며 이승만의 절대적인 지지 세력이 되었습니다.

9

사사오입이 헌법 개정에 사용됐다고?

이승만 정권은 "4 이하는 버리고, 5 이상은 올리는" 사사오입(반올림)의 수학적 원리를 사람에게 적용하여 헌법을 바꾸었어요. 그 이유는 집권하고, 다시 또 집권하기 위한 권력을 향한 욕심 때문이었죠. 이것은 헌정 사상 치욕적 오점을 남긴 나쁜 선례로 기록되고 있습니다.

1954년 11월 24일 자유당 원내 총무는 중대한 발표를 하였습니다. 내용은 "203명의 3분의 2는 정확한 수치로 135.333…인데 자연인을 정수 아닌 소수점 이하까지 나눌 수 없으므로 사사오입의 원리에 의해 가장 근사치인 135명이 의심할 여지가 없다. 개헌에 필요한 3분의 2 이상이라는 것은 3분의 2 초과라는 것과는 다른 의미의 법률 용어로서 3분의 2의 수를 포함해 그보다 많은 수를 지칭하는 것이며 이것은 전술한 산출 방법에 의하면 135명의 찬성으로서 개헌안은 가결되는 것이다."라는 것이었습니다. 이 발표 내용은 설명이 복잡하여 무슨 말을 하는지 모르겠다는 말을 들었습니다.

이 선명하지 않은 발표가 끝나자 여당계 신문은 바로 '개헌안이 통과됐다'는 호외를 발간했습니다. 정부의 공보처장도 '개헌안은 통과됐다는 것이 정부의 견해다'라고 발표하였죠. 이것이 헌정사의 치욕이라고 불리는 1954년의 사사오입 개헌입니다.

"0.0001이 부족해도 부족은 부족"

1954년 5월 20일 총선에서 자유당은 전체 국회 의원 203석 중 114석을 차지했어요. 자유당은 국회가 구성되자 개헌을 생각했어요. 2년 후인 1956년에 있을 대통령 선거뿐 아니라 그 이후 이승만이 또 대통령이 될 수 있도록 하기 위해서죠. 당시 헌법에는 대통령은 2번만 할 수 있었어요.

자유당은 개헌을 성공시키기 위해 무소속 의원을 끌어들여 6월 중순에 136명이 되었습니다. 개헌안이 통과되려면 재적 의원의 3분의 2인 136명이 찬성해야 가능했기 때문이죠. 자유당이 국회에 제출한 개헌안 중 가장 핵심은 초대 대통령에 한해 3선 제한 철폐였어요. 당시 국회 의원들은 이 개헌은 일인 독재, 영구 집권을 위한 것이라며 저지하였죠. 그럼에도 개헌안에 대한 투표가 진행되었고, 투표 결과가 나왔어요. 결과는 재적 의원 203명에 가 135, 부 60이었죠.

당시 국회 부의장 최순주는 한 표 차이로 부결되었다고 공포를 하였습니다. 그런데 이틀 뒤 국회 부의장의 부결은 '정족수의 계산상 착오로서 취소'되었다는 발표가 나왔어요. 당시 부결 취소의 논리는 수학계의 원로인 이원철 박사와 서울대학교 최윤식 교수가 재적 의원 203명의 3분의 2는 135명이라고 확정하였다는 데서 나왔습니다. 이 확정의 논리는 바로 "4 이하는 버리고, 5 이상은 올리는" 이른바 '사사오입의 원리'였어요.

최순주 국회 부의장 또한 이틀 전 자신의 진행 미숙을 사과하고 정족수 계산이 잘못되었다며 다시 개헌안이 통과되었다고 선언했어요. 국회에서 야당 의원들은 "최 부의장의 취소 선포는 불법이다."라고 외쳤어요. 국회는 난장판이었습니다. 당시 곽상훈 부의장은 "나는 여기서 통곡하고 싶어요. … 모든 것을 법대로 하지 않고 억지로 하려고 한다면 야당 의원들은 퇴장하겠습니다."라고 말하였어요. 그리고 "지금 이 순간은 우리 국회를 위해서, 이 나라를 위해서 침통한 시간입니다. 이 나라 민주주의가 빠르게 단기간에 발전하기를 기대했으나 그렇게 못 나간 것을 한탄합니다."라는 말을 하는 의원도 있었죠. 그리고 야당 의원들은 퇴장하였어요.

야당 의원들이 없는 국회에서 자유당 의원들은 회의를 속개하고, 단독으로 개헌안이 가결되었다고 선포하였습니다. 자유당 의원 중에도 반대한 의원이 소수 있었지만 최종적으로는 가결 처리되었어요.

본회의장을 퇴장한 야당계 의원들은 호헌동지회를 결성하고 "자유당 정권은 오직 권력의 집중과 독점에 수단과 방법을 가리지 않고 있다."는 내용의 성명을 발표하여 사사오입의 부당성을 거듭 주장하였어요. 일반인들도 사사오입에 의거한 개헌안 통과에 대해 "수학엔 에누리가 없다. 사사오입이란 이해할 수 없는 것", "법리상 0.0001이 부족해도 부족은 부족"이라며 개헌안 부결의 입장을 강하게 표명하였죠. 국민 대다수는 '말도 아닌 소리'라고 일축하였습니다.

그러나 권력자의 재집권과 정권 연장에 대한 욕망은 당대에는 막을 수가 없었어요. 헌법 개정은 정권 연장에 대한 법적 기반을 마련해 주는 수단으로 전락해 가고 있었죠. 종신 집권을 시도한 사사오입 개헌을 토대로 이승만은 1956년 제3대 대통령 선거에서 승리하여 3선 대통령이 되었어요.

이승만은 제4대 대통령 선거에도 출마했어요. 이때는 85세의 고령이었죠. 1960년 3월 15일에 투표가 실시되었습니다. 그런데 40% 사전 투표, 3인조, 5인조, 9인조에 의한 반공개 투표, 유령 유권자 조작과 기권 강요, 야당 참관인 매수와 테러, 투표함 바꿔치기, 득표수 조작 발표 등의 부정 선거가 여기저기에서 행해졌어요. 결국 전국 각지에서 이승만 독재 정권을 무너뜨리고, 민주주의를 지켜 내기 위한 4월 혁명이 일어났습니다.

10 제2 공화국이 내각 책임제를 채택한 이유는?

1960년 4월 27일 이승만 대통령이 3 · 15 부정 선거에 책임을 지고 하야를 발표한 뒤 하와이로 망명했습니다. 12년간의 이승만 통치는 막을 내렸고 제2 공화국이 성립되기 전까지 4개월의 국정 운영은 허정 과도 정부에서 담당하였죠. 허정 과도 정부 주도로 헌법이 개정되었어요.

1960년 6월 5일 정부는 내각제로 정치 체제를 바꾸는 헌법 개정안이 국회에서 통과되었음을 발표하였습니다. 당시 내각 책임제에 대해서는 많은 사람들의 공감이 있었어요. 1인 독재를 지양하고 책임 정치를 실시하기 위한 제도를 수립해야 되는데 내각 책임제가 적당하다고 여겼거든요. 대통령제에서의 독재로 인한 폐단이 제1 공화국 시기 동안 너무 컸던 것입니다.

내각 책임제를 정부 형태로 하는 헌법으로 개정되면서 몇 가지 내용이 바뀌었어요. 첫째, 양원 제도를 유지한다. 둘째, 행정부의 수반은 국무총리로 한다. 셋째, 정부에게 국회 해산권을 부여한다. 넷째, 국회에 행정부에 대한 불신임권을 부여한다는 것이

양원 제도

4·19 혁명으로 이승만이 물러나고, 국회는 헌법 개정에 착수하여 1960년 6월 15일 내각 책임제 개헌안을 통과시켰다. 1960년 7월 29일에 실시한 총선거에서 참의원(상원) 76명과 민의원(하원) 233명이 선출되어 양원제 의회가 구성되었다. 참의원보다 민의원에 더 많은 권한을 부여하여, 민의원은 국무총리 지명권, 정부 불신임권 등을 가졌다.

핵심이었죠.

1960년 7월 29일 총선거로 민주당이 집권하는 제2 공화국이 수립되었어요. 7월 29일 선거는 84.7%의 높은 투표율을 보였어요. 선거에서 민주당은 압승을 거두었죠. 그런데 선거 이후 민주당은 신파와 구파로 분열되기 시작하였어요. 구파는 윤보선을 비롯하여 신익희와 조병옥, 유진산 등 거물급 인사들이 주류를 이루었고, 신파는 장면, 박순천이 중심이었죠.

8월 새롭게 구성된 국회는 윤보선을 대통령으로 선출하였어요. 대통령의 중요한 일은 국무총리를 지명하는 것이었죠. 윤보선 대통령은 처음에는 자신과 같은 민주당 구파의 김도연을 총리로 지명하였으나, 국회 표결에서 근소한 차이로 부결되었어요. 2차로 장면을 지명하여 총리 인준을 받았죠. 이후 장면 총리는 정부 구성을 위한 조각 작업을 마치고 정식으로 1960년 8월 23일 제2 공화국 내각을 출범시켰습니다.

"국무총리가 대통령보다 실권이 강해"

내각 책임제는 의회의 다수 의석을 차지하는 정당이 행정부 구성권을 가지고, 의회에 책임을 지는 정치 제도이기 때문에 국가 원수인 대통령은 외국에 대해 국가를 대표하는 등의 상징적인 존재였어요. 실질적인 행정 권한은 국회에서 다수당을 차지한 정당 대표인 국무총리가 장악하였죠. 국무총리가 대통령보다 훨씬 실권이 강했습니다.

제2 공화국은 이승만 대통령과 자유당 정권의 독재를 무너뜨린 국민들의 민주주의에 대한 열망으로 탄생되었기 때문에 국민들의 요구 사항에 적극적으로 대응하거나 빠른 조치를 취하는 것이 중요했습니다. 민주당은 총선 기간 동안 4월 혁명의 완수를 위하여 정치적 자유 확립, 경제적·사회적 혁신, 부정 축재의 환원, 실업자 구제, 농어촌 부흥, 중소기업 육성 등을 약속하였습니다.

그러나 민주당 정부는 정치 사회 구조의 개혁을 기대하는 사회적 요구와는 달리 대체로 현상 유지적인 태도를 보여 많은 사람들이 실망하였어요. 또 자유당 정부 때보다 더 나은 생활 수준의 향상을 기대하고 있었으나 상황이 좋아지지 않았죠. 게다가 민주당 정부는 문제가 발생하면 그때그때 해결 방안을 제시하기에 바빴고, 정책 결정 과정이 민주당 정부 내의 소수에게 제한되어 있었어요. 생활 수준 향상이라는 국민적 요구의 해결보다는 내부 경쟁과 개인적 이해관계의 추구가 우선적 관심이 되어 버렸죠.

원래 제2 공화국의 내각 책임제는 행정부에 대한 의회의 견제권을 강화시켰어요. 그러나 운영과 실천에 있어서는 문제가 있었죠. 가장 큰 문제는 내각을 책임진 민주당 정권 내부의 갈등과 대립이었어요. 민주당은 윤보선 대통령 중심의 구파와 장면 총리 중심의 신파로 갈라져 극심한 갈등을 겪었고, 장면 내각은 9개월 동안 3차례나 개각을 단행하는 등 불안한 모습을 보여 주었죠.

4월 혁명으로 탄생한 제2 공화국은 민주 정치를 꽃피우고 경제 성장을 펼쳐 나가기에는 시간이 너무 짧았습니다. 국민의 자유와 민주주의에 대한 열망으로 만들어 낸 정부와 민주적 절차에 의해 성립된 제2 공화국 헌법이 너무 쉽게 무너진 것은 참으로 안타까운 일이었어요. 제2 공화국이 가지고 있는 한계점들을 해결하기도 전에, 그리고 헌법이 규정한 체제를 펼쳐 나갈 시간도 갖지 못한 채 장면 내각은 5·16 군사 쿠데타로 붕괴되었어요. 내각 책임제 정치 제도도 제대로 실현해 보지 못하고 막을 내리게 되었습니다.

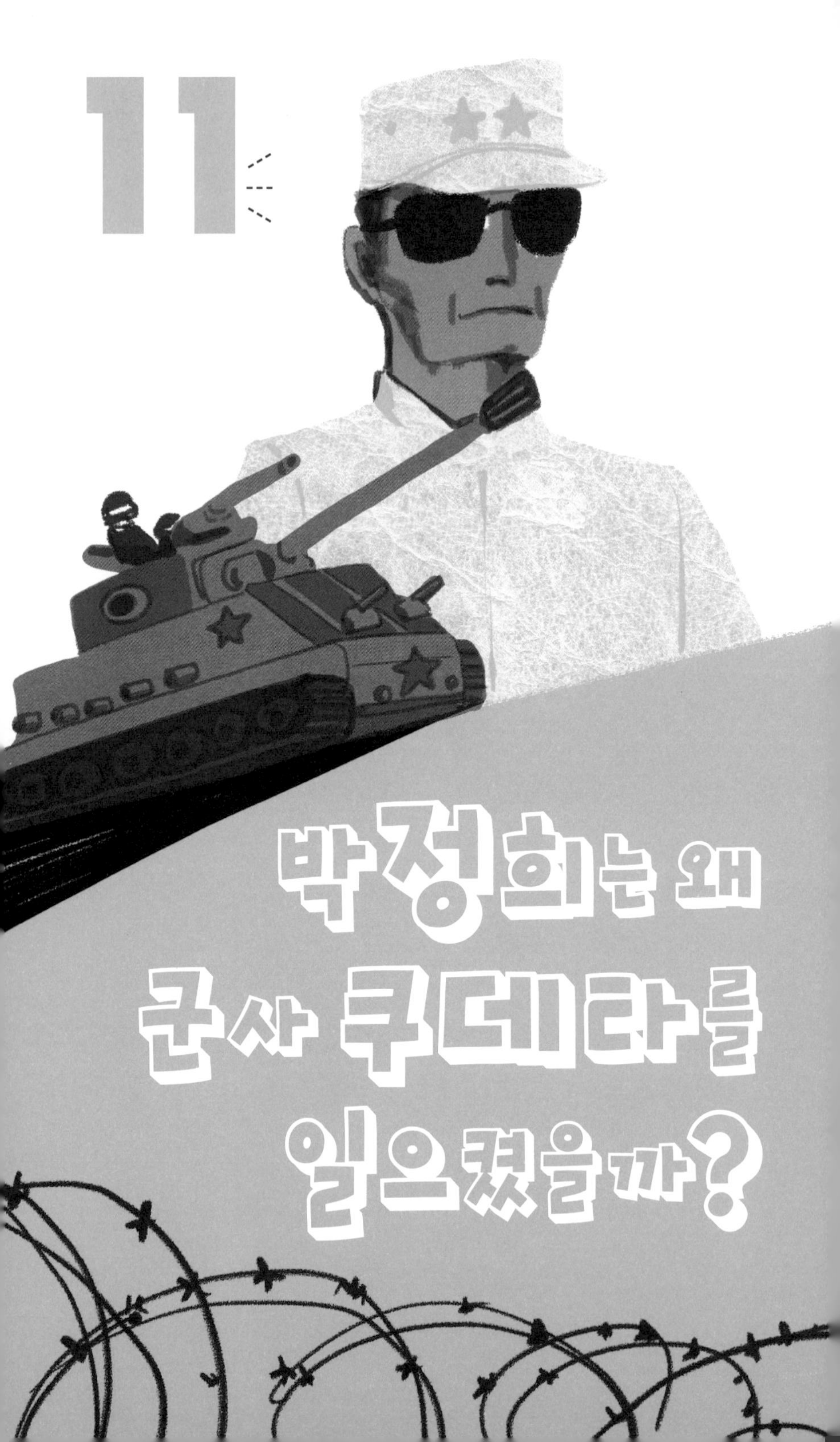
11
박정희는 왜
군사 쿠데타를
일으켰을까?

1961년 5월 16일 새벽, 제2군 부사령관 소장 박정희는 무기를 든 장교 250여 명 및 사병 3,500여 명과 함께 한강을 건너 서울의 주요 기관을 점령하는 쿠데타를 일으켰습니다. 그리고 국가 재건 최고 회의를 구성하고 군정을 실시하였습니다.

정권을 장악한 군부 세력은 반공을 국시로 내세웠습니다. 국시는 국가 정책의 기본 방침을 의미하지요. 그리고 6개의 혁명 공약을 발표하였어요. 첫째, 반공 태세를 강화할 것. 둘째, 미국을 위시한 자유 우방과의 유대를 공고히 할 것. 셋째, 모든 부패와 옛날의 악습을 일소하고 청렴한 기풍을 진작시킬 것. 넷째, 민생의 고통을 시급히 해결하고 국가 자주 경제 재건에 총력을 다할 것. 다섯째, 국토 통일을 위하여 공산주의와 대결할 수 있는 실력을 키울 것. 여섯째, 양심적인 정치인에게 정권을 이양하고 군인 본연의 임무로 복귀할 것.

박정희를 포함한 군부 세력은 왜 무력으로 정부를 무너뜨리고 정권을 장악하는 군사 쿠데타를 일으켰을까요?

군사 정변을 주도한 세력들은 4월 혁명 이후 다양한 사회 세력들이 각자의 요구를 주장하는 시위로 인해 사회가 혼란스럽고, 이를 틈타 북한이 쳐들어올 수 있기 때문에 쿠데타를 일으켰다고 했습니다. 그리고 사회 혼란을 바로잡아 안정화시키고, 국가 경제와 민생의 고통을 해결하고, 나아가 반공을 강화하여 공산주의와 대결할 실력을 갖추는 것을 공약으로 발표한 것은 군사 쿠데타를 합리화하기 위한 명분이었죠. 공약으로 삼은 것이 어느 정도 해결되면 쿠데타 세력은 정치에는 욕심이 없기에 다시 본연의 군인으로 돌아가겠다며 쿠데타에 대한 순수함을 드러내고자 하였어요.

그러나 실질적인 이유를 살펴보면 쿠데타 요인 중 하나는 군의 성장과도 관련이 있습니다. 6·25 전쟁 이후로 군은 급속도로 성장하였어요. 1950년 10만의 규모였던 군은 1956년에는 70만으로 6년 사이에 7배나 비대해졌습니다. 그리고 당시 군대는 미국으로부터 군사 원조를 받았으며, 군인 중 일부는 군사 훈련을 하기 위해 미국에 연수나 유학 등을 다녀왔어요. 군대는 대한민국에서 그 어느 조직이나 단체보다도 가장 근대화되고 서구화된 잘 조직된 집단이었죠.

군사 쿠데타의 또 다른 요인은 군 내부의 문제와 관련이 있습니다. 6·25 전쟁을 통해 초창기 군 간부들은 빠르게 승진할 수 있었어요. 육사 7기생 이전까지는 군대가 커지면서 대령 이상으로 순조롭게 진급하였죠. 그러나 8기부터 제동이 걸리며 진급이 어려워져서, 대령으로 진급하지 못하는 중령들이 대량으로 발생하였어요. 그리고 8기생을 중심으로 고급 장성들의 부정부패와 승진 적체 현상을 공격하는 사건이 일어났습니다. 이를 계기로 소장이었던 박정희와 중령이었던 김종필을 중심으로 8기생들 일부가 1960년 9월 쿠데타를 모의하였어요.

쿠데타에 성공한 박정희 군부 세력은 군사 혁명 위원회 포고령을 시작으로 전국에 비상계엄을 선포하고 오후 7시를 기해 장면 정권을 인수한다고 발표하였습니다. 이로써 장면 내각은 붕괴되었어요.

"양심적인 정치인에게
정부를 넘기겠다고?"

군사 정권은 즉각 헌정을 중단시켰습니다. 군부 세력이 중심이 되어 국가 재건 최고 회의를 구성하고 군정을 실시했어요. 반공을 국시로 내세우고 경제 재건과 사회 안정을 강조한 군사 정부는 정치 활동 정화법을 제정하였죠. 이를 이용하여 구정치인들의 정치 활동을 전면적으로 금지하였어요. 군사 정권은 집회와 시위는 물론이고 단체를 만드는 일도 못하게 막았어요. 또한 언론과 출판을 통제하고 군대 내의 반대파까지 제거해 버렸습니다.

박정희는 혁명 공약대로 "양심적인 정치인에게 정부를 넘긴 뒤 군대로 돌아갈 것"이라고 여러 번 말했지만 약속을 지키지는 않았습니다. 군사 정부는 1962년 대통령 중심제와 국회 단원제를 골자로 하는 새 헌법을 제정하였어요. 그리고 1963년 대통령 선거를 실시하였죠.

박정희는 1963년 10월 15일 실시된 제5대 대통령 선거에서

군복을 벗고, 민간인의 신분으로 대통령 후보로 출마하였습니다. 이 선거에서 박정희는 유효 투표의 46.6%인 472만 2천여 표를 얻었고, 윤보선은 45.1%인 454만 6천여 표를 얻어 두 후보간 표차는 17만여 표에 불과했습니다. 이는 역대 대통령 선거 사상 최소의 표차였지요. 박정희는 군사 쿠데타 주도 세력으로 시작하여 제5대 대한민국 대통령으로 당선되었습니다.

12

대통령을 또 하려고 헌법을 바꾸었다고?

대통령 후보 선거 유세에서 공화당의 박정희가 "여러분께 다시는 나를 찍어 달라고 하지 않겠습니다. 마지막으로 한 번 더 기회를 주십시오."라고 하자 상대 후보 신민당의 김대중은 "박정희가 헌법을 고쳐 선거가 필요 없는 총통이 되려 합니다. 영구 집권을 막아 내야 합니다."라고 주장하며 팽팽히 맞선 선거는 언제였을까요? 1971년 4월 제7대 대통령 선거였습니다.

1971년 대선에서 '마지막으로 한 번 더'라든가, '영구 집권 야욕'이라는 단어가 나온 것은 그동안 대통령 선출과 관련하여 헌법이 몇 차례 바뀐 것과 밀접하게 연결되어 있어요. 1961년 5·16 쿠데타 이후 박정희는 1963년 대통령 선거에 출마하여 당선되었죠. 그리고 1967년 대통령 선거에 다시 나와 당선되었어요. 당시 제3 공화국 헌법에 따르면 대통령은 1차에 한하여 중임이 가능하였죠. 그러나 박정희는 또다시 대통령을 하기 위해 1969년 개헌을 하였어요. 이것이 대통령의 세 번 선출이 가능하도록 헌법을 개정한 3선 개헌입니다. 그리고 1971년 박정희는 이번이 마지막이라며 대통령 선거에 출마한 것이었습니다.

제7대 대통령 선거 기간 동안 가장 쟁점이 되었던 내용은 크게 두 가지였어요. 첫 번째는 김대중 후보 측의 '박정희 대통령의 영구 집권 야욕 막아 내자'는 것과 이에 대해 박정희 대통령의 '다음 선거 불출마 선언, 유능한 후계자 육성할 것'이라는 내용이었죠. 두 번째는 두 후보자가 영남과 호남 출신이었기 때문에 지역주의가 선거에 활용되었어요. 엄청난 영남 지역의 몰표가 아니었다면 선거 결과는 달라졌을지도 모를 만큼 김대중 후보가 서울, 부산 등 대도시와 호남 지역에서 박정희 후보보다 많은 표를 획득하였죠.

1971년 4월 대선이 끝나고 바로 8월 국회 의원 선거가 이어졌습니다. 이 총선에서는 여당인 공화당의 의석수는 줄고 야당인 신민당의 의석수는 증가하였죠. 공화당 131석, 야당 89석으로 야당이 단독으로 국회를 소집할 수 있게 되었어요. 야당이 여당을 견제할 수 있는 국회가 꾸려진 것이었죠. 게다가 서울에서는 야당이 19개 구에서 18석을 차지하는 등 반 여당 분위기가 강했음을 보여 주었어요.

"박정희의 종신 집권 시도"

국회가 개원하자 여야 대립은 극심해졌어요. 야당의 견제를 마땅치 않게 여겼던 박정희 대통령은 북한의 남침 위협 등을 이유로 11월 국가 비상사태를 선포하였습니다. 그리고 이러한 비상사태의 법적 근거를 마련하기 위해 12월에는 국가 보위에 관한 특별 조치법을 제정하였죠. 이 법으로 헌법을 넘어서는 국가 긴급권의 행사가 가능해졌습니다.

1972년 10월 17일에 박정희 대통령은 남북 대화의 적극적인 전개와 급변하는 주변 정세의 대처를 이유로 헌법 일부 조항의 효력을 정지시키고 전국에 비상계엄을 선포하는 10·17 비상조치를 단행하였습니다. 이 조치의 핵심적 내용은 국회 해산, 정당 활동 중지, 헌법 중지 등이었지요. 박정희 대통령은 비상 국무 회의를 통하여 전권을 장악하였어요. 그리고 불과 10일 만인 10월 27일 대통령 간선제와 영도적 대통령제를 내용으로 하는 제7차 개헌을 단행하였지요. 이것이 유신 헌법입니다. 유신 헌법은 비상 국무 회의에서 의결하고, 국민 투표를 거쳐, 통과시켰습니다.

유신 헌법은 국민의 기본권 조항들이 축소되고 삭제되는 등 국민 기본권의 후퇴를 가져오는 내용이 많았어요. 구속 적부 심사제 조항 삭제가 그중 하나입니다. 이것은 구속의 적법함을 가리지 않아도 되는 권한입니다. 불법으로 체포, 구속되어도 그것을 따지기가 쉽지 않게 되어 국민이 법적 보호를 받기가 어려워졌습니다. 언론, 출판, 집회, 결사의 자유에 대한 허가나 검열을 금지한다는 헌법상의 규정도 삭제하였지요.

통치 구조적인 면에서는 대통령의 권한이 대폭 강화되었습니다. 국회와 법원의 권한은 많이 약화되어 삼권 분립의 원칙이 깨졌어요. 대통령은 국회 해산권을 가지는 이외에도 국회의 동의를 필요로 하지 않는 막강한 긴급 조치권을 가질 수 있게 되었고, 국회 의원 정수의 3분의 1에 해당하는 국회 의원 추천권을 행사할 수 있게 되었죠. 대통령 직선제를 폐지하고 대통령의 중임 제한 규정을 삭제하였어요. 대통령을 통일 주체 국민 회의에서 간접 선거하게 함으로써 영구 집권을 가능하게 하였습니다. 유신 헌법은 대통령의 권한을 강화하고 또 대통령을 하기 위해 수많은 반대에도 불구하고 또 헌법을 고친 슬픈 헌법 개정의 역사를 보여 주는 것입니다.

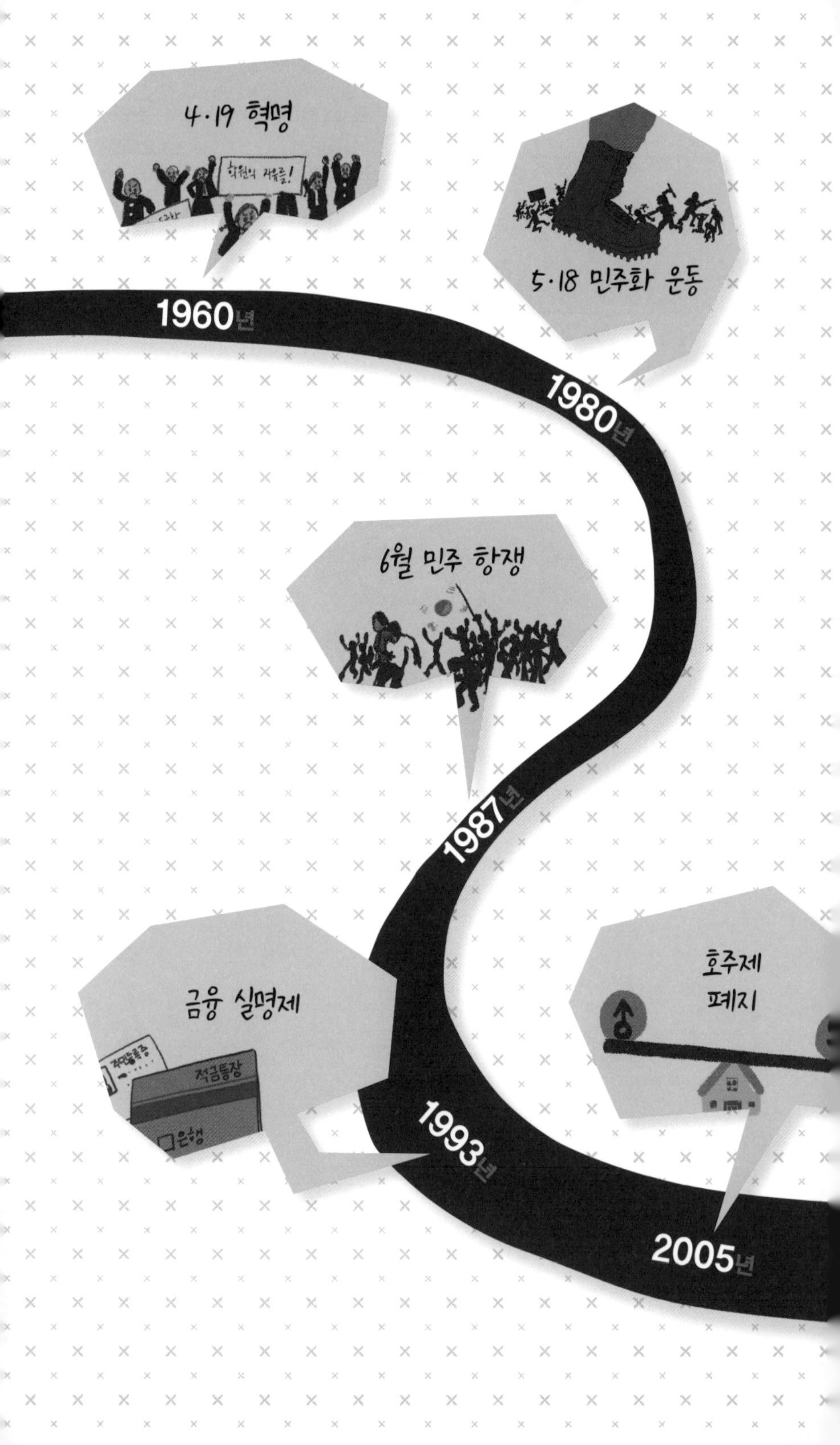
4·19 혁명
학원의 자유를!
1960년
5·18 민주화 운동
1980년
6월 민주 항쟁
1987년
금융 실명제
주민등록증
적금통장
은행
1993년
호주제 폐지
2005년

3장

민주주의 발전 과정

13

4월 혁명이 대구에서 시작되었다고?

1960년 2월 28일 일요일에 대구 지역의 고등학생들은 급히 학교에 나오라는 연락을 받았어요. 등교 이유는 학교마다 달랐죠. 시험 날짜를 갑자기 바꾸어 실시하겠다는 학교도 있었고, 영화 관람이나 토끼 사냥, 임시 수업, 졸업생 송별회 등을 내세우기도 했어요. 등교 시간도 오후 1시였습니다. 이런 일이 왜 벌어졌을까요?

2월 28일 일요일은 민주당의 부통령 후보 장면의 대구 지역 선거 유세가 있는 날이었어요. 일요일 등교 지시는 민주당 후보의 선거 유세에 학생들이 참여하는 것을 막으려고 한 것이었죠. 그런데 그 전날인 2월 27일 토요일에는 정반대의 일이 있었어요. 그때는 토요일 수업이 4교시까지 있었는데, 이날은 3교시에 끝내는 단축 수업을 했어요. 학교에서는 학생들을 일찍 귀가시키면서 오후에 열리는 자유당 선거 유세에 가라고 권하기까지 했죠.

심지어 2월 28일 시내에서는 "민주당 강연회에 가면 경찰에 붙들려 간다."는 소문이 돌고, "강연회에 가면 헌병이 취체를 한다는데 그것이 사실이냐?"고 신문사로 문의를 하는 사례도 많았습니다. 취체는 통제하고 단속하는 것을 말합니다. 이런 상황에 반발하여 2월 28일 경북고등학교, 대구고등학교, 경북여고, 남대구고등학교 학생 1,200여 명은 "횃불을 밝혀라, 동방의 별들아", "학원의 자유를 달라", "신성한 학원을 정치 도구화하지 말라", "학원내에 미치는 정치 세력 배제하자" 등의 구호를 외치며 시위를 벌였어요. 경찰은 즉각 출동하여 진압하였고, 학생들을 강제로 데리고 간 후 30여 명 만 남기고 귀가시켰습니다.

1960년 3월 15일 치러지는 제4대 대통령, 부통령 선거에서 자유당은 대통령에 이승만, 부통령에 이기붕을 후보로 내세웠고, 민주당은 대통령에 조병옥, 부통령에 장면을 내세웠죠. 그런데 민주당 조병옥 대통령 후보가 병을 치료하기 위해 미국에 갔다가 사망하였어요. 그러자 대통령 후보는 이승만이 단독 후보나 마찬가지였습니다. 사람들은 부통령에 누가 될지에 많은 관심을 기울였어요. 자유당에서는 이기붕을 부통령으로 당선시키기 위해 심혈을 기울이며 학생들을 선거 유세에 동원하는 일들이 자주 있었죠. 반대로 야당인 장면 후보의 선거 유세는 공권력을 동원하여 방해하는 일이 빈번하게 일어났어요.

대구에서 일어난 시위를 계기로 이후 전국 각지의 학생들은 학교를 정치적으로 이용하는 것에 반대하며 시위에 나서기 시작하였어요. 3월 5일에는 서울에서 장면 부통령 후보가 유세를 한 뒤 퍼레이드를 벌일 때 학생 1천여 명이 비를 맞으며 그 뒤를 따랐습니다. 경찰들이 이것을 저지하자 "부정 선거 배격하자!", "썩은 정치 갈아 보자!" 등의 구호를 소리 높여 외치기도 하였죠. 3월 8일에는 대전고에서도 일어났습니다. 학생들은 그동안 수업 시간에 이승만의 연설을 틀어 주고, 이기붕에 관한 뉴스를 보여 주는 데 불만이 많았어요. 그런데 3월 8일 민주당 강연회에 가지 말라는 지시가 내려오자 폭발하였죠. 학생들은 학원의 자유와 부정 선거 배격을 주장하였어요.

"김주열 군의 시신이 마산 앞바다에 떠올라"

3월 15일에 투표가 실시되었고, 3월 18일 국회는 이승만 대통령, 이기붕 부통령의 당선을 선포하였습니다. 그러나 민주당에서는 3·15 선거는 부정 선거라며 무효 선언을 하였죠. 부정 선거 이후 사회는 혼란스러웠어요. 4월 11일에는 마산 앞바다에서 3·15 부정 선거 규탄 대회에 참여했던 고등학생 김주열의 시신이 발견되었습니다. 눈에 최루탄이 박힌 채로요. 마산에서 시작한 부정 선거 규탄 및 이승만 정부에 대한 저항은 전국으로 확산되었어요. 이 시위에는 대학생, 시민뿐 아니라 중고등학생, 초등학생도 참여하였죠. 당시 초등학생들은 "부모 형제에게 총부리를 대지 말라!"는 구호를 외치며 경찰에게 맞섰어요.

4월 19일에 시위대가 대통령 관저인 경무대로 몰려오자, 경찰은 시위를 벌이는 학생과 시민들에게 마구 총을 쏘았어요. 이날 서울에서만 100명이 넘는 사망자가 발생했어요. 이승만 정부는 비상계엄을 선포하고 군대를 동원했지요. 4월 25일에는 대학교수들도 시위에 참가하여 이승만 대통령의 퇴진을 요구했어요. 결국

이승만은 하야 성명을 발표하고 물러났습니다.

4월 혁명이 끝나고 의거에 참가하여 희생된 186명에게 건국 포장을 수여하였습니다. 훈장을 받은 사람 중에는 초등학생 6명과 중학생 18명, 고등학생 31명, 대학생 24명이 포함되어 있었어요. 비록 어린 학생들이었지만 자유와 민주주의를 지켜 내고자 노력한 공훈을 인정하고 기리기 위한 것이었죠. 정부의 부당한 대처에 결연히 떨쳐 일어났던 학생들의 적극적인 태도는 한국 민주주의의 성장에 커다란 역할을 하였습니다.

14

5·18 민주화 운동은 왜 일어났을까?

1979년 10월 27일 "박정희 대통령 서거, 비상계엄 전국에 선포"라는 기사를 신문들은 일제히 제1면에 실었습니다. 19년 동안 장기 집권한 박정희 대통령은 김재규 중앙정보부장의 총탄에 맞아 죽음에 이른 것입니다.

정부는 "박정희 대통령 각하가 10월 26일 저녁 6시경 궁정동 소재 중앙정보부 식당에서 김재규 중앙정보부장이 마련한 만찬에 참석, 김계원 비서실장, 차지철 경호실장, 김재규 중앙정보부장과 만찬 도중 김 중앙정보부장과 차 경호실장 사이에 우발적인 충돌 사태가 야기, 김 중앙정보부장이 발사한 총탄에 맞아 26일 저녁 7시 50분경 서거하셨다."는 내용을 공식 발표하였습니다. 대통령의 피살 사건은 내부적 알력에 의해 갑작스럽게 발생한 우발적 사고라고 결론을 낸 것이죠.

26일 밤 임시 국무 회의가 긴급하게 소집되었어요. 임시 국무 회의에서는 국가의 안전과 사회 질서를 유지하기 위해 27일 새벽 4시를 기해 제주도를 제외한 전국에 비상계엄을 선포하기로 의결하였어요. 대통령의 갑작스러운 죽음으로 국가가 위험에 빠질 수 있다고 생각한 것이었죠. 최규하 대통령 권한 대행과 정승화 계엄 사령관은 10월 27일 합동 수사본부를 설치하였어요. 그리고 전두환 보안 사령관을 합동 수사본부장으로 임명하였습니다.

1979년 12월 6일 통일 주체 국민 회의에서는 최규하 대통령 권한 대행을 대통령으로 선출하였습니다. 그리고 대통령에게 막강한 권한을 부여한 유신 헌법을 개정하기 위한 작업을 시작하였어요. 국회는 개헌 특위를 구성하고 각지에서 개헌 공청회를 개최하여 국민들의 의견을 청취하였죠. 헌법 개정에 대한 국민들의 호응은 매우 높았어요. 유신 체제가 몰락하자 국민들은 민주화의 봄이 찾아왔다고 기대하였습니다. 유신 헌법, 유신 체제에 대한 불만이 개정 헌법에 대한 기대로 변하고 있었던 것이죠.

이와 같이 1980년의 봄은 신군부에 의해 헌정 질서가 파괴되기 전까지 비록 짧은 기간 동안이었지만 민주 헌법 제정에 대한 희망을 갖도록 하였어요. 1980년 서울의 봄 당시 정당, 사회단체에서 제출한 헌법 내용에는 대통령 직선제 실시, 대통령 비상 권한의 축소, 국회 정상 기능의 회복 등이 포함되어 있었죠.

"전두환, 노태우
군사 쿠데타 일으켜"

그러나 개헌 논의가 활발하게 전개되던 12월 12일 전두환은 노태우, 정호용 등과 함께 근무지를 이탈하여 정승화 육군 참모총장 공관을 습격하고 정 총장을 체포하는 군사 쿠데타를 일으켰습니다.

이후 논의되던 개헌안은 전혀 수용되지 않거나 단지 제한적으로만 수용되었어요. 1980년 개정된 헌법의 주요 내용은 대통령은 7년 단임으로 선거인단을 통한 간접 선거, 대통령에게 비상조치권, 국회 해산권 등 우월적 권한이 부여되었죠. 신군부에 대항하여 학생들은 계엄령의 해제와 민주화를 요구하는 대규모 시위를 전개하였어요. 그러자 신군부 세력은 1980년 5월 17일 제주도를 포함한 전국에 비상계엄을 선포하여 국가 원수 비방 금지, 대학 휴교 등의 조치를 단행하고, 김대중 등 7인을 학생, 노조 조종 혐의로 연행하였습니다. 그리고 언론의 검열 등 통제를 강화하여 각지에서 전개되고 있던 민주화 요구들을 무참히 짓밟았습니다.

5월 18일에 전남대학교 정문 앞에서 등교하는 학생들을 계엄군이 막아 세웠어요. 학생들이 항의하자 계엄군은 진압봉으로 학생들을 구타하고 연행했을 뿐 아니라 시민들에게도 폭행을 가해 심각한 부상을 입혔습니다. 시민들은 계엄군의 잔인한 행동에 분노하였어요. 시민들과 계엄군의 충돌이 일어났고, 계엄군의 강력한 저지로 학생들은 광주역에 다시 모여 시위하였습니다. 학생들과 시민들은 "전두환은 물러가라!", "비상계엄 해제하라!" 등의 구호를 외치며 시위를 벌였어요. 시위 대열이 점차 늘어나자 계엄군은 또다시 시위 진압에 나섰으며, 공수 부대의 진압으로 부상자가 잇따라 나왔어요. 계엄군의 무력 진압으로 첫째 날의 시위가 해산되었지만 시민과 학생들의 분노는 더욱 커졌습니다.

5월 21일에 광주 시민들은 계엄군에 의해 처참히 살해된 시신들을 발견하고 금남로와 충정로에서 공방전을 벌였습니다. 시민군은 전남도청을 사수하며 계엄군과 맞서 싸웠습니다. 5월 26일에 계엄군은 탱크를 앞세워 도청으로 향했고, 시민 대표들은 맨몸으로 막아 냈습니다. 5월 27일 계엄군은 도청을 향해 재진입하였고, 시민들을 무참히 살상하는 만행을 저질렀습니다. 당시 광주에서 일어난 일들은 광주 외의 사람들은 잘 알지 못했습니다. 신군부는 철저하게 언론을 통제하여 숨겼기 때문입니다.

1980년 5월 광주의 학생, 시민들이 계엄령 철폐와 민주주의 회복을 요구하였던 시위는 한국의 민주주의를 가로막는 군부 세력의 실체를 만천하에 드러낸 사건입니다. 동시에 1980년대 이후 급격하게 고양된 반독재 민주화 운동의 밑거름이 되었습니다.

15

6월 항쟁의 주요 이슈가 대통령 직선제였다고?

1987년 6월 전국의 거리는 학생, 시민들의 시위 행렬이 끝없이 이어졌습니다. 이를 막으려는 경찰들이 최루탄을 마구 발사해 뿌연 연기가 가득했고, 사람들은 독한 가스로 인해 고통스러워했지요. 격렬했던 6월의 시위가 막을 내린 것은 6월 29일 민정당 대표 노태우가 '대통령 직선제' 수용을 발표하면서였습니다.

노태우가 발표한 '6·29 선언'은 야당과 재야 세력이 줄곧 요구해 온 직선제 개헌, 사면 복권과 시국 사범 석방, 언론 자유, 지방 자치, 정당 활동 보장 등이 대부분 포함되어 있었습니다. 6·29 선언은 학생들과 시민들의 6월 민주 항쟁의 결과였지요. 6월 민주 항쟁은 1987년 6월 10일부터 6월 29일까지 전국적으로 벌어진 전두환 독재 정권에 맞선 민주화 운동이었어요.

6월 민주 항쟁은 박종철 고문 치사 사건이 그 계기가 되었어요. 1987년 1월 경찰은 서울대생 박종철을 치안 본부 남영동 대공분실에 불법 연행하여 고문하다가 사망에 이르게 하였어요. 경찰은 "책상을 '탁' 치자 '억' 하고 쓰러졌다."며 단순 쇼크사로 발표했지요. 이 발표에 많은 사람들이 분노했습니다. 박종철의 죽음은 경찰의 잔혹한 폭행과 전기고문, 물고문 등이 원인이었다는 걸 짐작하고 있었거든요. 최초 검안을 하였던 의사의 증언과 부검 내용이 신문에 보도되자 경찰은 사건 발생 5일 만에 물고문 사실을 공식 인정하고 고문 경찰 조한경과 강진규를 구속했습니다. 이 고문

살인 사건의 진상이 폭로되면서 전두환 정권에 대한 국민의 분노가 불붙기 시작했죠. 대학생들과 사회, 종교 단체는 성명을 발표하고 추도 시위 및 농성을 벌였어요.

"시민의 힘으로 민주주의를 쟁취하다"

그러나 이런 상황에도 아랑곳하지 않고 전두환 대통령은 '호헌(護憲)'을 밝히는 특별 담화를 발표하여 개헌 논의를 일절 금지한다고 선언해 버렸습니다. 호헌은 헌법을 보호한다는 의미입니다. 전두환 대통령은 현행 헌법대로 차기 대통령 선거를 치르고 정권을 넘기겠다는 특별 담화로 대통령 간접 선거 조항을 사수하겠다는 의사를 밝혔어요.

이것은 대통령 직선제 개헌을 열망하던 국민들의 엄청난 반발을 샀습니다. 전국에서 민주 헌법 쟁취 국민운동 본부가 주최하는 대규모 집회 '박종철 군 고문치사 조작 은폐 규탄 및 호헌 철폐 국민 대회'가 날마다 열렸어요. 그런데 6월 9일 연세대 시위 과정에서 경영학과 2학년 이한열이 경찰이 쏜 최루탄에 맞아 부상을 입었습니다. 병원으로 옮겼으나 의식을 잃었죠. 학생들과 시민들은 이한열이 사경을 헤매는 것을 안타까워하며 거리로 나섰어요.

6·10 국민 대회에는 많은 국민들이 적극적으로 시위에 참여

했죠. 주요 도시에서 수많은 차량이 경적을 울리거나 노란 손수건을 흔들며 "호헌 철폐, 독재 타도!"를 외쳤어요. 와이셔츠 입고 넥타이 멘 회사원들도 시위에 동참하였고요. 그래서 이들을 넥타이 부대라고 불렀어요. 이렇게 수많은 국민들이 전두환 정권의 퇴진을 원하고 민주화를 열망했죠. 시위는 계속되었으며 시위의 규모는 점점 커졌습니다. 경찰들도 늘어만 가는 시위대의 위세에 밀려 속수무책이었죠. 국민의 저항에 직면한 정권은 결국 6·29 선언을 발표하였어요. 6·29 선언은 1980년 쿠데타로 집권한 신군부에 맞서 온 야당과 시민 사회의 요구를 전폭적으로 받아들인 것이었어요. 그리고 독재로 지탄받던 집권 정당이 공표한 민주화 선언으로는 역사상 최초의 것이었죠.

7월 5일, 최루탄을 맞아 27일째 투병하던 이한열이 사망하면서 다시 시위는 거세졌어요. 7월 9일에 치러진 이한열 장례 집회에는 백만 명이 모였을 정도로 그의 죽음을 안타까워했죠. 이후 6월 항쟁은 서서히 막을 내렸습니다. 6월 항쟁은 대통령 직선제를 비롯한 헌법의 개혁안을 발표하게 만든 역사적 사건으로, 이후 한국 사회에서 민주화와 자유화의 물결이 본격적으로 대두되었어요. 6월 민주 항쟁은 4월 혁명, 5·18 민주화 운동과 함께 시민들의 힘으로 민주주의를 쟁취한 한국의 3번째 민주화 운동이었습니다.

16

금융 실명제는 민주주의와 어떤 관계가 있을까?

국민들은 은행 예금이나 증권 매입 등 금융 기관과 거래할 경우 반드시 실명을 사용해야만 합니다. 이를 금융 실명제라고 하는데, 지금은 너무나 당연해 보이지만 예전에는 가명(실제의 자기 이름이 아닌 이름)이나 차명(남의 이름을 빌려 씀)으로도 예금을 할 수 있었어요.

금융 실명제는 1993년 8월 12일에 발동되었어요. 금융 실명제가 실시되기 전에는 가명, 무기명 예금이 허용되었기 때문에 전체 금융 자산 소득을 개인에 맞추어 종합 관리하는 것이 불가능하였죠. 그래서 소득 규모에 관계없이 일률적으로 동일한 세율을 적용할 수밖에 없었습니다. 그러나 모든 금융 거래가 실명으로 이루어지면서 소득이 많을수록 세율을 높이는 종합 과세를 할 수 있게 되었습니다.

1960년대부터 대한민국 정부는 저축 장려를 위해 예금주의 비밀 보장, 가명, 차명 혹은 무기명에 의한 금융 거래를 허용하였어요. 통장을 만들 때 남의 이름을 빌리거나 가짜 이름을 쓸 수 있었죠. 그런데 이러한 편의는 탈세의 방법으로 쓰이기도 하였어요. 나아가 부정부패와 청탁의 수단이기도 했어요. 역대 정권들은 비실명 거래의 폐해가 심한 것을 알면서도 개혁하지 못했어요. 돈의 흐름을 캐면 오히려 저축이 위축되고 경제 발전이 왜곡되거나 후퇴할지도 모른다는 우려 때문이었죠.

그러나 1980년대에 각종 금융 비리 사건과 부정부패 사건이 연이어 발생하면서 금융 실명제의 필요성이 여기저기서 대두되었어요. 전두환 정권은 1982년 7월 3일 마지못해 금융 실명제 실시를 발표했지만 종합 과세 제도와 자금 출처 조사 제도가 빠져서 개혁으로서의 성격은 약했어요. 그리고 실명 금융 거래의 의무화가 연기되었기 때문에 유명무실하게 되었죠. 비실명 거래로 이익을 얻는 집단의 반발이 너무 컸기 때문에 미루어졌던 것입니다.

"부정부패를 끊어 내다"

1993년 8월 김영삼 대통령은 금융 실명제 실시 발표를 철저하게 비밀에 부쳤습니다. 마치 첩보 작전을 방불케 할 정도로 비밀리에 추진이 되었죠. 주가 폭락이나 부동산 투기 등 시장의 혼란을 막기 위해서였어요. 금융 실명제 실시를 발표한 후 대통령의 긴급 명령권을 발동해서 추후 만장일치로 국회의 승인을 받았습니다.

마침내 기업은 정치인에게 뇌물을 제공하고, 정치인은 기업인에게 특혜를 베푸는 부정부패의 고리를 끊어 낼 수 있게 되었어요. 무엇보다 중요한 것은 경제 정의와 투명성이 확보됨에 따라 탈세를 예방할 수 있게 되었죠. 이것은 세금 수입의 증대와 국가 재정 확보로 이어졌어요. 그러므로 금융 실명제는 경제 민주화를 실현하기 위한 첫걸음이라고 할 수 있어요. 금융 실명제의 실시로 전두환, 노태우 두 전직 대통령의 비자금 수사도 가능해졌습니다.

금융 실명제 실시는 기존의 금융 거래 질서를 하루아침에 바꾸는 개혁 중의 개혁, 경제 개혁의 하이라이트라는 평가를 받았습니다. 이처럼 금융 실명제가 대한민국 경제에 가져온 영향력은 지대했어요. 그러나 아직도 만연한 대포 통장(남의 이름을 도용해 만든 통장)과 차명 거래 문제는 풀지 못한 과제로 남아 있습니다.

17 가족법 개정을 위해 여성들이 거리로 나갔다고?

1962

2005.

1989

1977

2005년 3월 대한민국 국회는 호주제 폐지를 중심으로 하는 민법 개정안을 통과시켰습니다. 가족법 개정 운동을 펼친 많은 사람들은 "호주제 폐지는 양성평등으로 가는 큰 걸음"이라며 개정안에 대해 의미를 부과하였어요. 또 "관습과 제도의 철옹성 같은 장벽을 향해 계란으로 바위를 치듯 외롭고 힘든 싸움을 전개해 온 많은 분들의 노력에 감사를 드리고 싶다."며 함께해 온 이들과 기쁨을 나누었어요.

호주제는 호주를 중심으로 가족 구성원들의 출생과 혼인, 사망 등의 신분 변동을 기록하는 제도입니다. 가족을 대표하는 남성 가장이 재산의 처분이나 가족의 결혼 등에 대해 우월한 권리를 행사하는 여성 차별적인 요소가 담겨 있었죠.

호주제 폐지에 따라 2008년에는 '가족 관계의 등록 등에 관한 법률'이 제정되어 신분 등록 제도는 호주 대신 본인을 기준으로 가족을 규정하는 가족 관계 증명서 방식으로 바뀌었습니다. 그리고 이혼이나 재혼 가정의 자녀가 친아버지의 성 대신 어머니나 새아버지의 성을 따를 수 있게 되었고, 입양 자녀의 경우도 양부모의 성을 따를 수 있게 되어 친자녀와 같은 권리를 행사할 수 있게 되었죠.

호주제 폐지는 동성동본 금혼 폐지와 함께 1980년대 이후 가족법 개정 운동의 핵심 내용이었습니다. 원래 가족법은 가족의 생활 관계를 규율하는 법으로, 통상적으로 민법 제4편 친족과 제5편 상속을 모두 포괄하는 의미로 사용되었어요. 민법 제정 당시부터 한국의 가족법은 여성 차별적인 조항이 있었어요. 당시 헌법은 양성 평등을 규정하고 있었지만 하위 법인 민법은 헌법 정신과는 거리가 멀었죠. 자녀에 대한 친권 행사에 남녀 차별을 두고, 재산 상속분도 아내와 딸에게 일방적으로 불리하게 정해져 있었어요. 그뿐 아니라 경제 활동에 있어서도 여성 노동자에 대한 차별 대우 및 차별 임금도 당연시되었습니다.

"47년 만에 호주제 폐지"

가족법이 제정된 것은 1958년이었습니다. 여성 단체들은 50년 가까이 헌법에 보장된 남녀평등의 원칙이 반영된 가족법 개정 운동을 전개하였어요. 이러한 결과 1962년, 1977년, 1989년 그리고 2005년 총 4차례에 걸친 가족법 개정이 있었죠. 개정이 진행될 때마다 하나씩 하나씩 변화해 갔어요.

여성 단체들은 '가족법 개정을 위한 여성 단체 연합'을 결성하고, 가족법 개정 촉진 대회를 개최하였어요. 직접 거리로 나가 서명 운동을 전개했고, 국회에 찾아다니고, 편지 보내고, 풍선 시위를 벌였죠. 가족법 개정의 필요성을 알리기 위해 발로 뛰어다닌 것입니다. 1990년대부터는 다양한 주체, 다양한 통로, 다양한 방식의 운동을 전개하였어요. 관련 자료를 수집할 뿐 아니라 인터넷을 적극 활용하여 지지 여론을 확보하고, 각종 토론회와 거리 퍼레이드, 문화 캠페인, 일인 시위 등을 이어 나갔어요. 이와 같은 단결된 힘으로 2005년 남녀차별의 상징이었던 호주제가 폐지될 수 있었습니다.

동성동본 금혼 폐지

1997년 헌법 재판소는 동성동본 금혼 규정이 위헌이라는 결정을 내렸다. 여성 단체는 "합리적 근거 없이 무조건 남자 쪽 성에 따라 혼인을 금지해 온 남계 중심의 구습을 타파함으로써 헌법상 남녀평등 정신이 구현됐다."고 환영했다. 2000년 법무부는 동성동본 금혼 폐지를 포함하는 민법 개정안을 발표하고 법 개정 절차에 들어갔다. 이후 2005년 민법 개정안이 국회 본회의를 통과하며 동성동본 금혼 규정은 완전히 사라졌다.

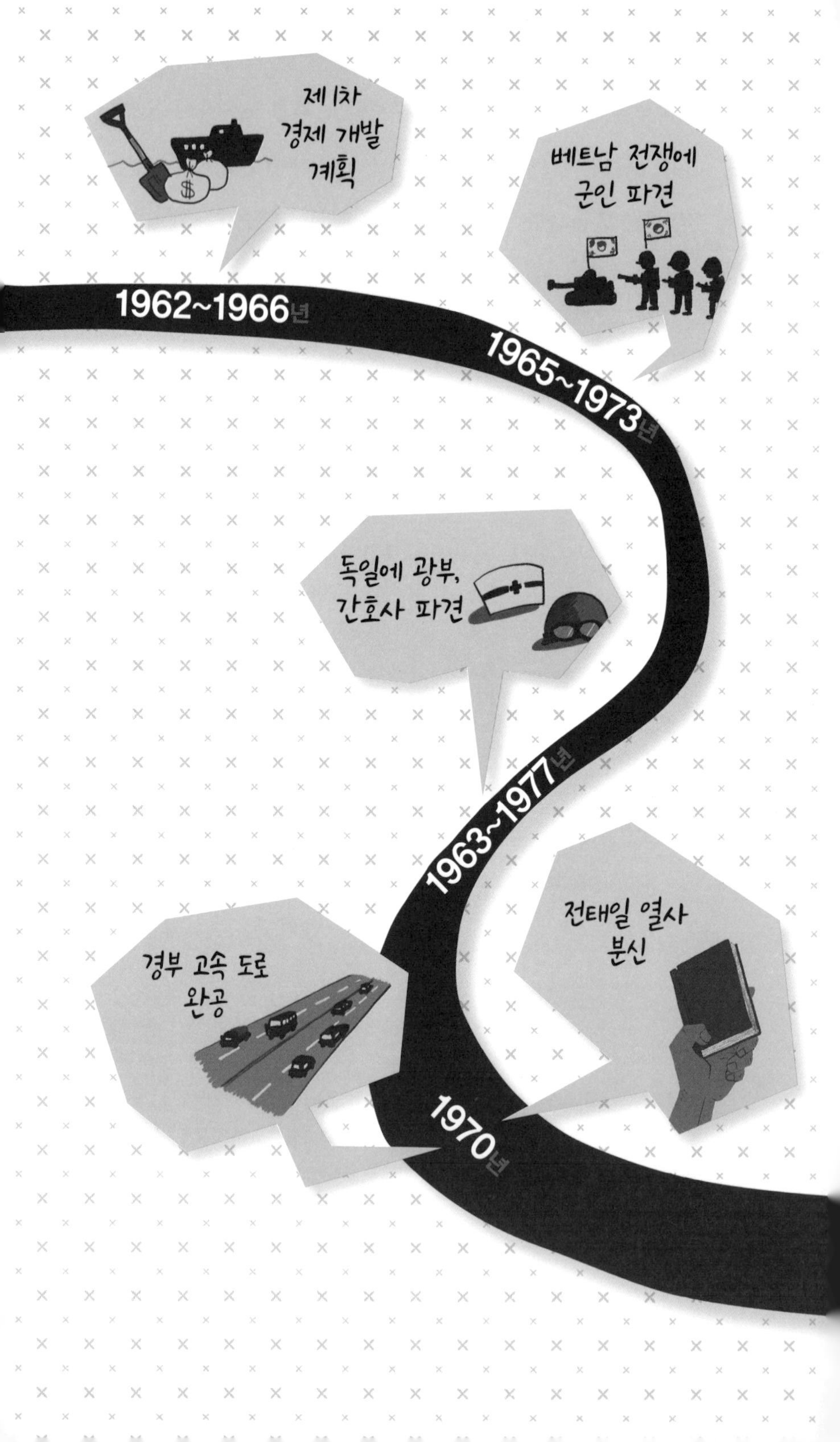

제 1차 경제 개발 계획
1962~1966년
베트남 전쟁에 군인 파견
1965~1973년
독일에 광부, 간호사 파견
1963~1977년
경부 고속 도로 완공
전태일 열사 분신
1970년

4장

산업화는 어떻게 이루어졌나?

IMF
외환 위기

1997년

18

1, 2차 경제 개발 계획은 성공했을까?

'경제 개발 계획'은 국민 경제를 특정한 방향으로 이끌어 나가기 위해 일정한 기간 단위로 짠 계획을 말해요. 이승만 정부는 6 · 25 전쟁의 피해 복구 사업들이 거의 마무리되면서 경제 개발의 필요성을 인식하였죠. 그래서 경제 개발 3개년 계획을 추진하기로 하였습니다.

경제 개발 3개년 계획은 1960년 4월 국무 회의에서 의결되었어요. 자유 경제 원칙을 존중하며, 민간 기업의 활동을 최대한 보장하는 것을 이념으로 내세웠어요. 목표는 고용 확대, 생활 수준의 향상, 경제 사회 제도의 근대화 등을 통한 경제 자립의 토대를 마련하는 것이었죠. 그러나 거의 실행되지 못했습니다. 필요한 재원의 많은 부분을 원조를 통해 조달하려 했는데, 미국 정부가 지원하지 않았기 때문입니다.

우리나라 경제 개발 계획은 박정희 정부 하에서 본격적으로 시행되었다고 할 수 있습니다. 1961년 5·16 군사 쿠데타로 집권한 박정희와 군부 세력은 조국 근대화, 민족중흥을 핵심 과제로 내세우며 경제 개발 계획을 추진하였어요.

1962년에 시작된 제1차 경제 개발 계획의 목표는 한국 경제의 자립 달성을 위한 기반을 다지겠다는 것이었어요. 이를 실현하기 위해 전력, 석탄 등 에너지 공급원의 확보, 농업 생산력 증대에 의한 농가 소득 상승과 국민 경제의 구조적 불균형 시정, 기간산업의 확충과 사회 간접 자본의 충족, 유휴 자원의 활용, 특히 고용의 증가와 국토의 보전 및 개발, 수출 증대를 주축으로 하는 국제 수지의 개선, 기술의 진흥 등에 중점을 두겠다고 했습니다.

제1차 경제 개발 계획은 연평균 성장률이 7.8%로서 계획을 초과하였고, 특히 광공업 부문이 급성장하여 산업 구조의 개선에 적지 않은 발전을 가져왔습니다. 그러나 양적인 성장에도 불구하고, 기초 공업의 빈약, 투자 재원 체제가 갖추어지지 않은 점, 식량 자급의 실패, 소득의 편중적인 분배 등이 문제점으로 지적되었어요.

"본격적으로 공업화를 추진"

1967년에서 1971년까지 추진된 제2차 경제 개발 계획의 목표는 산업 구조를 근대화하고 자립 경제 확립을 더욱 촉진시키는 데 두었습니다. 기본 방향은 식량의 자급, 철강·기계 및 화학 공업에 중점을 둔 공업 구조의 고도화, 수출 증진과 수입 대체에 의한 국제 수지의 개선, 고용 증대와 인구 팽창 억제, 국민 소득의 향상, 기술 수준과 생산성 제고 등에 중점을 두었습니다.

제2차 경제 개발 계획 기간에 본격적으로 공업화가 추진되었으며, 수출의 급성장과 더불어 연평균 성장률은 9.7%로서 계획을 초과 달성하였습니다. 특히 합성 섬유·화학 섬유·전기 기기 등 공산품이 수출 산업에서 86%를 차지함으로써 산업 구조의 전환을 가져왔죠. 그러나 투자 수요가 갑자기 불어나고, 투자재의 해외 의존율이 늘어났습니다. 국민 경제의 수입 의존도가 26.2%나 증가하게 되었죠.

1차, 2차 경제 개발 계획의 적극적인 추진은 이후 1970년대 중화학 공업 육성과 수출 입국 목표를 달성하는 데 크게 기여했어요. 경인, 경부 고속 도로, 일반 국도와 지방 도로 포장, 부산항, 산업선 철도, 공항 시설 등 종합적인 교통 체계를 구축하는 투자에도 과감히 나서게 되면서 한국 경제 발전의 기반을 마련하는 데 중요한 분기점의 역할을 담당하였습니다.

19

나라에서 아이 낳는 것을 제한했다고?

"덮어 놓고 낳다 보면 거지꼴을 못 면한다", "아들, 딸 구별 말고 둘만 낳아 잘 기르자", "둘도 많다", "잘 키운 딸 하나 열 아들 안 부럽다", "하나씩만 낳아도 삼천리는 초만원" 등의 표어 내용을 들어 본 적이 있나요? 정부는 1960년대부터 1990년대까지 가족계획 사업을 원활하게 운영하기 위해 각종 포스터나 표어를 매스컴을 통해 홍보하였어요.

원래 가족계획은 결혼하는 남녀가 가족의 건강과 행복한 생활을 위하여 자녀의 수나 출산의 간격을 계획적으로 조절하는 것을 의미하는 거예요. 그래야 엄마와 아이의 건강을 증진시킬 수 있기 때문이죠. 그러나 1960년대부터 1990년대 중반까지 대한민국 정부 차원에서 실시한 가족계획 사업은 아이 낳는 것을 제한하는 산아 제한 정책이었어요. 인구의 과도한 증가로 인해 사회·경제적 문제가 발생하며, 국가 발전을 막는다고 생각하여 인구 증가를 억제하는 것이었죠.

1961년 5·16 쿠데타 이후 박정희 정권은 경제 발전을 집권 명분의 하나로 삼았기 때문에 인구 증가에 따른 경제 성장의 둔화를 염려했어요. 그래서 가족계획 사업을 1967년부터 1971년까지 실시된 제2차 경제 개발 5개년 계획에 포함시켰죠. 이 계획의 세부 내용 중 하나가 식량 자급 해결과 관련된 것이었습니다. 인구 성장률을 억제하기 위해서 인구 목표를 설정해 놓았으며, 출산율이 높은 농촌 지역을 집중 대상으로 삼아 사업을 추진하였어요.

"덮어 놓고 낳다 보면 거지꼴을 못 면한다"

6·25 전쟁이 끝나고 1960년대 초까지의 대한민국 연평균 인구 증가율은 약 3% 수준으로 상당히 높았습니다. 여성 1명이 일생 동안 낳은 자녀의 수가 6.3명에 달했죠. 정부는 "인구는 50초에 한 사람 꼴로 하루에 1,700여 명, 한 달에 5만 명, 1년이면 대전시 인구와 맞먹는 60여 만 명이 늘어나고 있다."며 인구 증가를 막지 않으면 경제적 어려움에 처할 수 있다고 강조하였어요.

당시 정부는 높은 인구 증가가 경제 성장의 저해 요인이 된다고 판단하였어요. 그래서 영국의 경제학자 맬서스의 "인구는 기하급수적으로 증가하나 식량은 산술급수적으로만 증가하므로 인구의 증가는 빈곤이 따른다."는 인구 이론을 적극적으로 받아들였죠. 정부는 피임에 의한 산아 제한을 통해서 인구 증가를 억제하고, 식량의 감소를 해결하려고 하였습니다.

가족계획 사업이 국가 시책으로 추진되면서 자녀의 수는 점점 감소하였어요. 1960년에는 자녀수가 6명, 1970년에는 4.3명, 1980년에는 2.8명, 1991년에는 1.6명이었죠. 1960년 3.0%에 가깝던 인구의 자연 증가율도 1980년에 이르러 1.57%로 크게 떨어졌습니다.

이런 성과가 가능했던 이유는 가족계획 사업에 대한 정부의 대대적인 지원이 있었기 때문입니다. 가족계획 사업의 성공을 위해 정부는 피임에 대한 홍보와 더불어 수입 규제 대상이었던 피임 기구, 피임약 등의 수입을 허용하고 보급해 나갔어요. 대중 매체를 이용하여 가족계획을 계몽하고, 인구 증가에 대한 부정적 이미지를 확산시켰죠. 1976년부터 두 자녀가 있는 가구에는 소득세를 감면시켜 주었고, 하나나 둘을 낳고 영구 불임 수술을 한 경우에는 공공 주택 할당 및 금융 대출에 우선순위를 주었으며, 그 자녀들에게는 취학 전까지 의료 혜택을 주기도 하였어요.

그러나 1990년대 이후 가족계획 사업은 산아 제한에서 출산 장려 정책으로 방향을 바꾸고 있습니다. 1990년대 이후 연평균 인구 증가율이 1% 미만으로 낮아지면서 인구 정책의 내용이 바뀐 거지요. "아빠! 혼자는 싫어요. 엄마! 저도 동생을 갖고 싶어요."라는 표어가 그것을 잘 말해 주고 있어요. 한국의 가족계획 정책이 실패에서 벗어나기 위해서는 개별 가정의 출산 계획으로만 접근하는 것이 아니라 개인의 삶, 한 가정의 삶의 질 등을 고려해야 된다는 의견들이 제시되고 있는 상황입니다.

20

베트남 전쟁에 군인을 파견한 이유는?

"월남에서 돌아온 새까만 김 상사 이제서 돌아왔네. 월남에서 돌아온 새까만 김 상사 너무나 기다렸네." 여러분은 이 노래를 들어 본 적이 있나요? 이 노래는 1969년에 발표된 노래지만 요즈음도 가끔 리메이크해서 부르지요. 이 노래에 나오는 월남이 베트남입니다. 베트남 전쟁에 나갔다가 돌아온 군인을 소재로 하여 만든 노래예요.

당시 베트남 전쟁에 참여한 한국 군인은 대략 32만 명이 넘었습니다. 한국의 젊은이들이 베트남이라는 나라에 가서 싸우는 일이 왜 일어났을까요?

베트남에서는 1960년부터 호찌민이 이끄는 북베트남과 미국이 지원하는 남베트남으로 나뉘어 싸우고 있었습니다. 1964년 미국이 개입하면서 베트남 민족끼리의 내전이 국제전으로 비화되었죠. 대한민국도 베트남 전쟁에 비전투 요원뿐 아니라 전투 부대를 보냈어요. 전쟁 초기인 1964년 9월 이동 외과 병원과 태권도 교관단 요원을 중심으로 한 비전투 요원 140명을 먼저 파견하였습니다. 1965년 이후에는 전투 부대를 중심으로 1973년까지 32만 명을 보냈죠. 한국의 파병 수와 규모는 미국 다음으로 많고 컸습니다.

베트남 전쟁에는 미국의 가까운 동맹국들조차 참여를 꺼렸어요. 그 이유는 부패하고 무능하며 수립 과정의 정당성이 약한 남베트남을 지원하는 것에 대한 회의적인 여론이 있었고, 미국이 무고한 양민을 포함한 베트남인들을 학살한 사실이 밝혀지면서 국제적으로 반전 여론이 형성되고 있었기 때문이죠.

그런데 한국군의 베트남 전쟁 참여는 박정희 대통령이 미국에 전쟁 참여 의사를 보인 것에서부터 시작되었어요. 당시 미국 정부는 전쟁에 반대하는 여론 때문에 곤혹스러웠고, 전쟁에서 우위를 확보하지 못해 곤경에 처해 있었죠. 이때 미국을 방문한 박정희 대통령이 미국 대통령에게 한국군을 파병하겠다고 제안했고, 미국이 이를 받아들였어요.

박정희 대통령은 1965년 당정 연석회의에서 베트남 파병의 명분을 "한국 전쟁 때 피를 흘려 준 미국의 은혜를 갚기 위한 것"이라고 했으며, 이어서 한국 정부도 "한국 전쟁 시 참전한 우방국에 보답한다."는 명분과 "베트남 전선은 한국 전선과 직결되어 있다."는 국가 안보의 차원에서 결정한 것이라고 발표하였습니다. 야당과 일부 지식인들의 강력한 반대가 있었지만 파병은 계획대로 진행되었죠.

"베트남 전쟁은
슬픈 과거"

하지만 베트남 파병의 실제 이유는 경제적인 것이었습니다. 박정희 대통령은 전쟁 참여 대가로 경제 발전을 꾀하려고 했어요.

6·25 전쟁으로 일본이 전쟁 특수(특별한 상황에서 발생하는 수요) 경기를 누렸던 것처럼 한국도 베트남 전쟁 특수를 통한 경제 발전을 꾀하려는 의도가 있었습니다. 한국군 파병으로 벌어들인 총수입은 약 2억 3556만 달러로 집계됐습니다. 총수입의 약 83%인 1억 9511만 달러가 한국 정부에 송금되었죠. 한국은 그 돈을 경제 개발 자금으로 썼습니다. 게다가 미국은 참전의 대가로 감축 예정이던 차관을 오히려 더 증액해 주었고, 군수 용품 납품과 베트남 수출, 재건 사업 참여 등의 기회를 얻은 한국 기업들은 재벌로 도약할 발판을 마련했지요.

여기에 당시 한국의 임금 수준에 비하면 현저히 높았던 병사들의 봉급과 수당은 허덕이고 있던 한국 경제와 민생에 젖줄이 되었어요. 참전 직전까지 엄청난 반대를 무릅쓰며 성사시킨 한-일 국교 정상화 결과 8억 달러의 자금을 일본에서 얻을 수 있었는데, 베트남 전쟁으로 국내에 유입된 자금은 약 50억 달러에 이르렀음을 볼 때 그 경제적 효과가 어느 정도였을지 짐작할 수 있지요.

고엽제

고엽제는 식물의 잎을 말라 죽게 하는 제초제이다. 특히 베트남 전쟁 때에 미국군이 밀림에 다량 뿌린 제초제를 가리킨다. 미국은 밀림을 없애 게릴라전을 막기 위해 사용하였다고 주장하였다. 1994년 베트남 정부는 약 2백만 명의 군인 및 민간인이 고엽제 후유증으로 고통받고 있다고 발표하였다. 고엽제로 인해 베트남에서 유산, 사산, 기형아의 출산도 늘어나고 있다. 한국의 베트남 참전 용사들도 두통, 현기증, 가슴 통증, 피부 질환 등 고엽제 후유증으로 고통받고 있다.

그러나 금전적 수익이 상당했지만 한국군은 5,000여 명이 넘는 전사자와 11,000명이 넘는 부상자를 냈으며, 고엽제로 인한 피해 등 장기적인 후유증을 남겼어요. 또 다른 한편으로는 베트남 일부 지역에서 한국군이 베트남 민간인들을 잔혹하게 학살하여 한국에 대한 감정이 나쁜 상태로 유지되고 있지요. 베트남 전쟁의 참전으로 한국과 베트남은 서로에게 아픈 상처, 슬픈 과거를 남기고 있습니다.

21

간호사와 광부가 독일로 간 이유는?

1974년 신문 기자가 독일에 간 간호사와 인터뷰했어요. 기자가 왜 독일에 갔는지를 묻자, 간호사가 대답하였어요. "경제적인 이유였습니다. 한국에서 대학을 다니다가 집안 사정이 너무 어려워 그만둘 형편이 되었습니다. 그래서 휴학을 하고 제 스스로 돈을 벌어 한국으로 돌아와 대학을 졸업할 계획이었습니다."

기자가 다시 질문하였습니다. "파독 간호사들의 송금이 대한민국 경제 개발에 결정적 기여를 한 것으로 알려져 있는데 이런 얘기를 독일 현지에서도 들은 적이 있습니까?" 간호사가 말했어요. "들은 적이 있습니다. 간호사를 포함한 파독 근로자들이 1960~70년대의 어려웠던 국가 경제에 도움이 되었다고 들었습니다. 경제 개발을 위해 한 푼의 외화가 아쉬웠던 시기에 파독 근로자들이 고국에 보낸 외화가 가뭄에 단비 같은 역할을 한 것 같습니다. 파독 근로자들이 마르크(독일의 화폐)로 고국에 송금하면, 그 외화는 일차적으로 국가 경제 개발의 자금으로 사용되었고, 국내 가족에겐 원화로 환전되어 어려운 가계에 단비가 되었다고 들었습니다."

1960년대 독일로 일하러 간 사람들은 간호사만 있었던 것은 아니었어요. 광산에서 일하는 광부도 있었죠. 그럼 왜 간호사와 광부들이 독일에 갔을까요?

1962년 제1차 경제 개발 5개년 계획이 시작되면서 정부는 막대한 자금이 필요했습니다. 그러나 한국이 가지고 있던 외환 보유고는 2천 3백만 달러에 불과했죠. 외자 도입이 박정희 정부에게는 절박했어요. 1962년 외자 유치 목표가 5천만 달러였으나 정작 유치에 성공한 금액은 6백만 달러에 불과했습니다.

이런 상황에서 찾은 돌파구가 독일이었어요. 경제 부흥에 성공한 독일에서 독일인들은 힘든 육체노동이 요구되는 일자리를 외면하게 되었고, 그 부족한 인력을 채우기 위해 외국인 노동자들을 받아들이기 시작했지요. 이렇게 독일의 노동력 부족 현상과 한국의 외화에 대한 수요가 맞아 떨어진 것입니다.

"가족과 국가를 위해 희생한 사람들"

1963년 처음 독일에 광부를 파견하는 파독 광부 사업은 500명 모집에 4만 6천 명이 몰려들어 92대 1의 경쟁률을 보였습니다. 파독 광부의 자격으로 나이는 20세 이상에서 30세 미만이었으며, 학력은 중졸 이상이었어요. 그리고 영어와 역사를 필기시험으로 보았죠. 광부로 일하는 데 왜 필기시험이 필요했을까요? 당시는 반공 의식을 강조하던 시기였어요. 정부는 자국민을 외국에 보낼 때 혹시나 공산주의 세력에 포섭되지 않을까를 우려했죠. 특히 독일은 서독과 동독으로 분단되어 있는 나라였기 때문에 더욱더 신경을 썼습니다. 그래서 자유주의 국가 의식과 민족의식에 관한 소양을 확인하기 위해 한국사 시험을 보았던 것입니다. 영어 능력은 외국에서의 생활은 물론 독일에서 광업 기술을 배울 때 필요하다고 보았기 때문이었죠.

선발된 사람들은 광산 노동 경험이 없던 초보자들이었기 때문에 강원도 도계와 태백 탄광에서 기초적인 탄광 노동 훈련을 받았어요. 1963년 12월 21일 한국인 123명이 김포 공항에서 비행기에 올랐어요. 이들은 독일 루르 탄광 지대로 파견되었습니다. 파독 광부들은 1963년 12월부터 1977년 말까지 7,936명이 독일 탄광 지대에서 일했습니다.

광부들은 초기에 크고 작은 부상과 후유증에 시달렸습니다, 게다가 언어도 통하지 않는 곳에서 힘든 일을 했지요. 파독 광부들이 송금한 외화는 한국 가족의 경제생활을 안정시키고 국가 경제에도 큰 도움이 되었어요. 또 한편으로는 독일 탄광의 선진 기술을 배운 광부들이 국내 탄광으로 돌아와서 대한민국 석탄 산업의 발전에 큰 도움을 주었습니다.

간호사는 1만 226명이 파견되었어요. 파독 간호사들도 힘든 일을 해냈습니다. 기본적인 간호 업무는 물론 시체를 옮기고 닦는 일 등 독일 간호사들이 꺼리는 일들을 마다하지 않았어요. 밤샘 근무와 휴일 근무를 하면 더 많은 수당을 받을 수 있기에 일을 자청해서 하기도 했죠.

1975년 독일 정부는 더 이상 한국 간호사들을 받아들일 수 없다는 정책을 발표하였어요. 독일에 거주하고 있는 외국인 간호사도 계약이 끝나는 대로 본국으로 돌아가야 된다는 통보를 받았죠. 독일 정부는 점차 늘어나는 독일인 실업자 문제에 이렇게 대처할 수밖에 없었습니다. 파독 한국 간호사들은 대부분 귀국길에 올랐고, 더러는 개인적 사정으로 독일에 남거나 미국, 캐나다로 옮기는 사람들도 있었어요. 광부들도 비슷한 상황에 놓이게 되면서 1975년 이후 파독 근로자의 수는 급감하였습니다.

22
경축
뻗어 가는 고속 도로 삼천만이 이웃
가장 빨리,
가장 싸게 건설된
고속 도로는?

1968년 고속 도로 건설을 착공할 즈음에 일부에서는 도로를 건설해도 다닐 차들이 없다며 반대하였어요. 1968년 12월 기준으로 한국의 자동차 수는 79,662대였으므로 도로 건설의 효용성을 이유로 반대한 것이었죠. 그러나 오늘날 고속 도로는 도로 전체가 주차장으로 변하는 일이 비일비재할 정도로 너무나 많은 차들로 몸살을 앓습니다.

고속 도로 특히 경부 고속 도로는 '단군 이래 최대 토목 사업, 29개월 만에 준공', '세계에서 가장 짧은 기간에, 가장 값싸게 건설한 고속 도로'라는 기록을 가지고 있습니다. 그런데 다른 한편으로는 '선 개통 후 보완'이란 원칙 아래 서둘러 완공되었기 때문에 후에 땜질 공사로 몸살을 앓으며 '누더기 고속 도로'란 굴욕적인 별명도 가지고 있죠. 실제로 1990년대 말까지 경부 고속 도로 보수비는 약 1천 5백 27억 원으로 건설비의 4배 가까운 비용이 들었다는 보고가 있어요. 그러나 고속 도로를 만든 덕분에 경제 발전의 기틀이 마련됐다는 긍정적인 평가를 받기도 하였죠.

고속 도로 건설은 박정희 대통령의 의견이 강하게 반영된 사업이었어요. 1964년 독일 순방길에 올랐던 박정희 대통령은 고속 도로인 아우토반에 큰 관심을 보였어요. 첫날 공식 일정을 마친 뒤 이튿날 본에서 쾰른 시까지 아우토반을 승용차로 달렸죠. 이때 주행 속도가 160㎞였다고 합니다.

1967년 4월 박정희 대통령은 서울과 부산을 연결하는 경부 고속 도로 건설 계획을 공표했습니다. 그러나 경부 고속 도로 건설이 순조롭지만은 않았죠. 착공 당시 정치권과 언론, 학계의 극심한 우려와 반대에 부딪혔어요. 1967년 대한민국의 1인당 국민소득은 142달러에 불과했는데, 고속 도로 건설은 당시 국가 예산의 24%인 429억 원을 투입하는 대형 국책 사업이었기 때문이죠.

또 한편에서는 서울과 부산 사이에는 이미 철도가 있어 고속 도로 건설은 중복 투자이고 수도권과 영남권 등 특정 지역에 대한 특혜라는 비판도 각계에서 제기되었어요. 하지만 박정희 대통령은 강력한 의지로 경부 고속 도로 건설을 밀어붙였어요.

1968년 2월 1일 경부 고속 도로 첫 구간인 서울-수원 간 고속 도로를 착공한 데 이어 구간별로 단계적으로 공사에 들어갔습니다. 공사 시작 9개월 만인 10월에 서울-오산 구간이 개통됐고, 12월에는 오산-대전, 대구-부산 구간의 공사가 마무리되었죠.

1970년 7월 7일 428km에 달하는 서울-부산 간 고속 도로가 완전히 개통되었어요. 경제 개발 5개년 계획을 성공적으로 뒷받침하기 위해 추진된 경부 고속 도로 건설은 기차로 12시간, 기존 도로로는 15시간이 걸리던 서울에서 부산까지의 이동 시간을 4시간 30분대로 크게 단축시켰어요.

"싸우면서
건설하자"

22

개통 당시 경부 고속 도로는 동양에서 가장 긴 고속 도로였습니다. 공사에 참여한 건설사만 무려 16개였으며, 건설 장비도 165만 대가 투입되었죠. 여기에 사용된 철근만 5만 톤이었다고 합니다. 게다가 도로를 빨리 건설하기 위해 산악 지대, 암석이 많아 공사가 어려운 지역에는 군 건설 부대인 건설 공병단도 투입되어 공사를 진행해 나갔어요. 고속 도로 건설에 참여한 인원은 총 900만 명으로 당시 543만 명이었던 서울 인구의 1.6배가 넘는 엄청난 수였죠. 이런 수치들을 통해 당시 정부가 고속 도로 건설에 얼마나 전력을 다하고 있었는지를 알 수 있어요. 그러나 77명이 난코스의 터널을 뚫거나 공사를 진행하는 과정에서 목숨을 잃는 안타까운 일들도 일어났습니다. 공사는 일정보다 1년을 단축한 29개월 만에 끝났습니다.

고속 도로 건설과 함께 사람들의 뇌리에 각인된 단어가 있었죠. 그것은 공사 현장마다 붙어 있던 플래카드의 글씨 "싸우면서 건설하자"였어요. 이것은 고속 도로가 전쟁터에 나가는 마음가짐을 갖고 건설되었다는 것을 보여 주는 것이죠.

경부 고속 도로가 개통되면서 해상 수출로 활발했던 부산항이 서울과 연결되면서 수출입량이 증가하고, 산업 및 경제 발전으로 이어지는 효과를 얻었습니다. 그리고 경제적인 측면 외에도 경부 고속 도로는 전국을 1일 생활권 안에 포함시키는 등 국민의 일상 삶에도 엄청난 변화를 가져왔습니다.

23

전태일은 왜 자신의 몸에 불을 붙였을까?

한 청년이 "우리는 기계가 아니다!", "기업주는 근로 기준법을 지켜 달라, 15~16세의 어린아이들이 일요일도 없이 하루 16시간씩 혹사당하고 있으니 당국은 이런 사태를 시정해 달라!"고 호소하였습니다. 그리고 미리 준비한 휘발유로 『근로 기준법 해설』이란 책을 태우고, 자신의 몸을 불태운 충격적인 사건이 발생하였습니다.

이 날은 1970년 11월 13일이었습니다. 평화 시장 앞에서 자신의 몸을 던져 한국의 열악한 노동 현실의 민낯을 드러낸 청년은 당시 23살의 전태일이었습니다. 전태일은 노동청 및 관련 부서에 노동 현장 관리 감독과 노동자 처우 개선을 요구하는 활동을 전개하였으나 번번이 외면당하였습니다. 오히려 노동 조건은 더욱 가혹해지고, 열악해져 가는 상황에서 전태일은 자신의 몸을 불사르는 극단적 선택을 한 것입니다.

책 읽고 글쓰기를 좋아한 청년 전태일은 1965년 18살의 나이에 평화 시장 삼일사에 취직을 하였어요. 재단사였던 아버지에게 배운 미싱 기술도 있고, 기술을 더 배워 돈을 벌겠다고 생각했죠. 1966년 보조를 마치고 정식 미싱사로 승진하였어요. 미싱사가 되었기에 예전에 비해 아주 조금 경제적 상황이 나아졌죠. 이때 제일 먼저 한 일이 『중학1』이라는 책을 산 것이었습니다. 이 책은 중학교에서 배우는 국어, 영어, 수학, 사회, 과학의 내용을 핵심 정리하여 한 권으로 편집해 놓은 통신 강의록이었어요. 통신으로 중학교

공부를 시작하려던 것이었습니다. 전태일은 대학 시험 볼 자격을 얻어 대학에 가고 싶어 했어요. "나라고 못할 리가 어디 있어, 해 보자."라는 말과 "나에게 배움을 빼고 나면 아무것도 없다."라는 말을 할 정도로 도전하고, 배우는 것을 좋아했죠.

"여공들의 고통이 너무나 가슴 아파"

미싱사가 된 후 전태일은 평화 시장에서 일하는 나이 어린 여공들의 고통을 접하게 되었습니다. 전태일은 그들이 겪는 고통을 그냥 넘길 수가 없었어요. 12~16살의 어린 소녀들이 일당 70원을 받으며 점심도 굶은 채 일하는 모습을 보면 너무나도 마음이 아팠습니다. 전태일은 삼십 리 길을 걸어 다녔고, 절약한 차비 30원으로 풀빵 30개를 사서 배고픈 동료들에게 나눠 주었죠. 월급을 털어 노동 조건에 대한 실태 조사를 했고, 근로 기준법을 연구했습니다. 이런 과정들을 겪으면서 전태일은 근로 기준법이 지켜지지 않는 현실이 너무나도 안타깝고 절망스러웠어요.

전태일의 죽음은 노동 운동에 많은 영향을 미쳤습니다. 전태일의 죽음에 자극을 받아 대학생들은 노동 조건 개선을 요구하며 무기한 단식 농성에 들어가기도 했죠. 노동 현장에서 벌어지는 비합리적인 일들을 많은 사람들이 알게 되었고요. 노동자들은 매일

15시간 이상 긴 노동을 해야 했고, 일이 많을 때는 밤샘 작업이 빈번하게 일어나고 있었어요. 임금은 터무니없이 낮아 미싱 보조는 하루 일당이 50원에 지나지 않았죠. 당시 차 한 잔 값이 50원인 곳도 있었으니 차 한 잔 가격과 어린 소녀의 하루 일당이 같았던 것입니다.

노동자들의 기본 생활을 보장하고, 쾌적한 노동 환경을 만들어 국민 경제를 발전시키는 데 근본 취지가 있는 근로 기준법은 기업가의 횡포와 근로 감독 행정의 무성의로 인해 제 기능을 발휘하지 못했습니다. 노동자들이 법의 혜택을 받지 못하는 사례가 계속 발생하는 등 근로 기준법이 지켜지지 않아 많은 문제점이 드러났죠. 근로 감독 행정이 제대로 되지 않아 근로 기준법의 직용을 받아야 하는 전국의 80만여 명의 노동자가 법의 사각 지대에 있었던 것이 밝혀지기도 했어요. 근로 기준법 위반 사항을 보면 근로 시간 및 휴가 위반이 가장 많았어요. 그리고 안전 보건 관리 위반, 근로 계약 위반, 재해 보상 위반뿐 아니라 퇴직금 지불 위반, 임금 지불 위반, 법정 수당 지급 위반 등도 너무 많았죠.

전태일의 죽음 이후 당시 노동청은 평화 시장 등 3개 시장에서 2만 7천 명의 종업원들을 고용하는 기업주들을 만났습니다. 이들에게 휴일 휴가, 임금 인상, 8시간 근무제, 시간 외 수당 지급 등 8개 항목을 준수하겠다는 약속을 받아 냈지요. 그리고 노동자들의 노조 결성을 적극 지원하겠다는 각서도 받았습니다. 노동자들은 스스로 노동조합을 결성하였죠. 청계피복노동조합도 그중 하나였어요.

전태일은 죽음에 앞서 어머니에게 다음과 같은 말을 남겼습니다. "기독교 신자가 자살하면 지옥에 가는 줄 알지만 남을 위해 나를 희생하는 것이니 하느님도 내 영혼을 받아 주실 겁니다. 내가 죽더라도 어머니는 내가 못한 일을 해 주십시오." 어머니 이소선 여사는 아들의 마지막 말을 잊을 수 없어 당국에서 제시한 근로 조건 개선이 이루어지는지 매일 시장에 나가 지켜보겠다고 다짐하였습니다. 그리고 전태일의 어머니는 이후 노동자들의 어머니가 되었습니다.

24

IMF 위기는 왜 일어났을까?

1997년 11월 21일 당시 경제부총리는 "정부는 IMF에 차관을 요청키로 했다."는 충격적인 특별 기자 회견을 가졌습니다. 그리고 "나라의 빚이 총 1,500억 달러가 넘는데, 우리가 가진 외화는 40억 달러에도 미치지 못하며, 우리나라는 IMF로부터 210억 달러의 구제 금융을 승인받았다."는 구체적인 내용도 발표하였습니다.

국제기관 중 국제 부흥 개발은행(IBRD)이 100억 달러, 아시아 개발은행이 40억 달러를 우리나라에 지원하기로 하여 국제 통화 기금(IMF) 210억 달러와 함께 총 350억 달러의 지원이 결정되었습니다. 더불어 미국, 일본, 독일, 프랑스, 영국, 캐나다, 호주에서도 추가로 200억 달러가 지원되어 총 550억 달러를 지원받았죠. 대한민국은 국제적으로 550억 달러의 빚을 진 채무 국가가 된 것이었어요. 그래도 세계의 은행과 나라들로부터 빚을 지며 겨우 국가 부도 사태는 면했지요.

김영삼 대통령은 외환 위기와 관련하여 "IMF 자금 도입이 불가피하다."는 점을 설명하고 "정부도 경제 회복을 위해 뼈를 깎는 노력을 기울일 각오인 만큼 국민도 정부의 방침에 호응하여 근검절약에 앞장서 달라."고 당부의 말을 전했습니다. 이 발표는 대한민국 국민들을 혼란에 빠뜨렸어요. 경제적 자주권의 상실이라고 이해하는 사람들도 있었죠. 당시 국민들 중에는 IMF, IBRD라는 국제 금융 관련 단어들을 처음 접한 사람이 많았어요.

IMF는 대한민국에게 가혹한 경제 구조 조정을 요구했습니다. 구조 조정이 이루어지면서 기업들이 무너지고 은행들도 문을 닫게 되었습니다. 수많은 사람들이 일자리를 잃었어요. 국민들은 달러가 없어 나라가 부도날 수도 있다는 것에 큰 충격을 받았죠.

"온 국민의 금 모으기 운동"

국민들은 이와 같은 상황을 극복하기 위해 노력했어요. 그리고 '금 모으기 운동'이 일어났죠. 장롱 속에 잠자고 있는 금을 모아 나라 빚을 갚자는 것이었습니다. 1998년 1월부터는 KBS 방송국의 '금 모으기 캠페인'이 시작되면서 온 국민이 금을 내어놓았어요. 금 모으기 운동은 하루 속히 나라 빚을 갚고 금융 위기를 극복하자는 국민들의 단결력을 보여 준 사례였죠.

그런데 IMF 사태는 왜 일어났을까요? 가장 큰 원인은 빨리 갚아야 하는 단기 외채 때문이었습니다. 1991년 391억 달러에 불과했던 대한민국의 외채는 1996년 1,047억 달러, 1997년 1,208억 달러로 3배 이상 증가했죠. 게다가 해외에서 빌려 온 돈의 58%는 빨리 갚아야 하는 단기 채무였어요.

그리고 1990년대 들어 진입이 허용되지 않았던 많은 업종에서 규제 완화가 이뤄져 많은 기업들이 새로운 시장에 진입할 수 있게 되었습니다. 자동차, 반도체, 철강 등에서 과잉 투자가 이뤄졌고, 기업들은 너도나도 돈을 빌려 설비 투자를 했죠. 기업들은 돈을 빌리더라도 적정한 규모로 부채 비율을 조정해야 했는데, 1997년 외환 위기 당시에는 정부의 지원만 믿고, 마구잡이로 돈을 빌려서 과잉 투자를 하고 있었어요. 1997년 초 5조 7천억 원의 빚을 진 한보철강의 경우 정부의 비호 아래 대규모 대출을 끼고 제철소를 만들었지만, 태국 발 외환 위기로 돈이 빠져나가자 연쇄 부도의 직격탄을 맞게 된 것입니다.

한편 세계 경제의 흐름을 제대로 읽지 못한 김영삼 정부의 미숙함도 한 원인이었어요. 1994년 대한민국 경제는 지속적이고 안정적으로 발전하는 상태였죠. 여러 가지 경제 지표도 좋은 편이었습니다. 그래서 정부는 외환 보유량을 거의 바닥까지 낮춰도 큰 위험이 없으리라는 판단하에 보유하고 있던 외환을 아무 걱정 없이 썼어요. 그러나 1997년 태국으로부터 시작하여 홍콩, 말레이시아, 필리핀, 인도네시아 등 동남아시아에 연쇄적 외환 위기가 닥쳤습니다. 특히 태국과 인도네시아에는 국내 제조업체들도 많이 진출해 있었고 은행, 종합 금융 회사들도 진출해 있었죠. 이들은 국제 금융 시장에서 3개월짜리 단기 대출을 얻어 1년 이상 장기 대출을 해 주고 2~3%의 이자 차익을 누리고 있었어요. 그런데 동남아 외환 위기로 외국 자본의 조달이 중단되었고, 동남아에서 대출 회수는 불가능해졌어요. 외국 금융 회사는 빚을 갚으라고 독축하고, 궁지에 몰린 종합 금융 회사들은 국내에서 대출을 회수해 빚을 갚기 시작했죠. 그 결과 외환 보유고가 고갈되어 대외 지급 불능 상태에 빠지는 중대한 위기에 처하였습니다. 당시 김영삼 정부는 종합 금융 회사들이 동남아 시장에서 어떤 영업 행위를 하는지, 대출 규모가 얼마인지조차 파악하지 못하고 있었어요.

1998년 2월에 들어선 김대중 정부는 IMF의 개입을 전면적으로 받아들이고 경제 개혁에 착수했습니다. 외환 위기 때 39억 달러까지 떨어졌던 외환 보유액은 1998년 말에는 520억 달러로 증가했죠. 1998년 12월 IMF에 18억 달러를 상환한 것을 시작으로 대한민국은 금융 위기에서 서서히 벗어났어요. 그리고 2001년 8월에 1억 4,000만 달러를 최종 상환하였어요. 대한민국은 구제 금융을 신청한 지 3년 8개월 만에, 당초 예정보다 3년 가까이 앞당겨 국가 채무를 정리하였습니다. 강력한 구조 조정과 금융 시장의 전면적인 개혁을 통해 예정보다 훨씬 빠르게 IMF로부터 받은 구제 금융을 모두 상환할 수 있었죠. 그러나 IMF 기간 동안 진행되었던 구조 조정의 여파는 오랫동안 한국인의 삶에 영향을 미쳤고, 지금도 계속되고 있습니다.

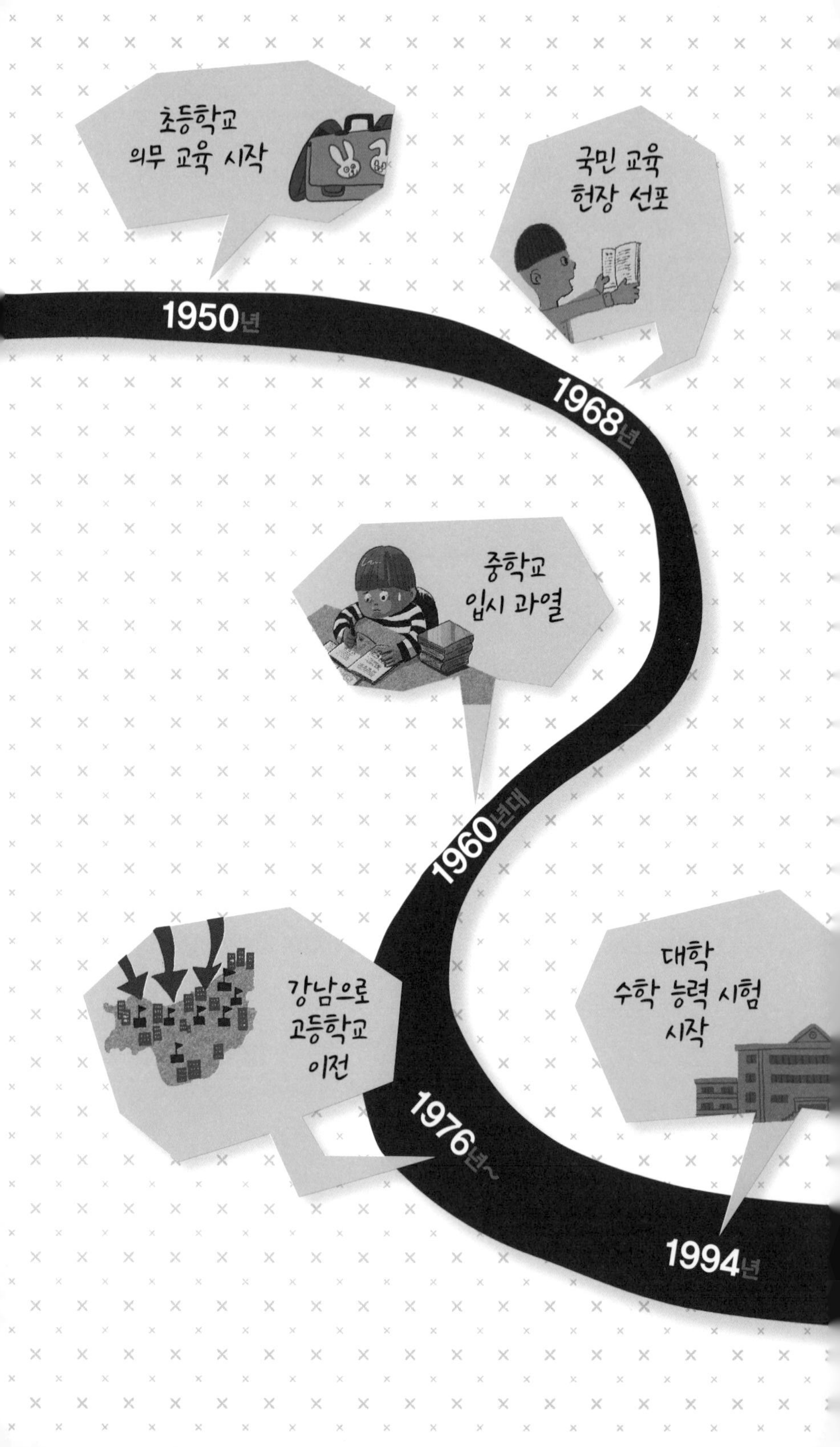
초등학교
의무 교육 시작
1950년
국민 교육
헌장 선포
1968년
중학교
입시 과열
1960년대
강남으로
고등학교
이전
1976년~
대학
수학 능력 시험
시작
1994년

5장

학교에 어떤 일이 일어났을까?

25

국민 교육 헌장을 달달달 외웠다고?

"우리는 민족중흥의 역사적 사명을 띠고 이 땅에 태어났다. … 스스로 국가 건설에 참여하고 봉사하는 국민정신을 드높인다. 반공 민주 정신에 투철한 애국 애족이 우리 삶의 길이며, … 신념과 긍지를 지닌 근면한 국민으로서 민족의 슬기를 모아 줄기찬 노력으로 새 역사를 창조하자."

1968년 12월 박정희 대통령은 국민 교육 헌장을 선포했습니다. 국민 교육 헌장의 핵심적 내용은 투철한 반공정신에 입각하여 나라와 민족을 사랑하고, 새 역사의 창조를 다짐하는 것이었습니다. 박정희 대통령은 반공정신을 강조하는 국민 교육 헌장을 왜 선포했을까요?

1968년 1월 박정희 대통령은 국가의 상황에 대해 "조국 근대화 작업이 힘차게 추진되고 있는 오늘에 있어 물량적 발전에 비하여, 정신적 발전이 뒤떨어지고 있다."고 진단하였습니다. 정신적 발전을 가로막는 원인으로 "서구적 가치관이 무비판적으로 도입되어 전통적 가치와 조화로운 융합을 이루지 못하는 데 있다."고 하였죠. 박정희 대통령은 문교부 장관에게 지금 한국의 근대화 과정에 있어서 시민 생활의 건전한 생활 윤리와 가치관을 확립하는 것이 극히 중요한 일이니, 주체성 확립에 기초를 둔 헌장을 제정하도록 지시하였어요.

이런 발표의 중요한 원인은 1966년 이후 적극적으로 행해졌던 북한의 대대적인 무력 공세 때문이었어요. 이로 인해 남북한 사이의 긴장은 최고조에 달해 있었죠. 박정희 대통령은 이를 반공에 바탕을 둔 국민정신 강화를 강조하고, 자신의 권력을 탄탄하게 만드는 데 활용하였어요.

박정희 대통령의 지시로 국민 교육 헌장 준비 위원들이 구성되어 초안 작업을 시작하였죠. 그리고 다섯 번의 수정안을 거친 후 10월 국회 본회의에서 여야 만장일치로 통과됩니다. 문교부는 국민 교육 헌장 250만 부를 발간하여 각급 학교 및 기관에 배포하였고, 학교 수업 시간에 다루어 평가하도록 하였어요. 국민 교육 헌장의 이념을 쉽게 이해할 수 있도록 그림책 130만 부를 발간하여 초등학생들에게 나누어 주었고, 관련되는 영화와 음반도 제작하여 보급하였죠. 한편 학생들은 학교 수업 시간에 국민 교육 헌장을 처음부터 끝까지 줄줄 외워야만 했습니다. 외우지 못하면 집에 가지 못하게 하는 학교도 있었죠.

"자유를 추구하기보다
국가에 복종하는 인간"

국민 교육 헌장을 만든 이유는 경제 개발주의, 국가주의, 반공주의 등을 통해 박정희 정권의 입지를 강화하려는 의도와 밀접하게 연결되어 있었어요. 국가와 개인이 공동 운명체라는 논리를 국민들에게 주입시켜 경제 발전을 위해 국민들을 동원하는 것이나, 국가 발전을 위한 개인의 희생을 당연하게 받아들일 수 있도록 하였죠. 그리고 반공을 강조하며 국민의 생각 또한 통제하였어요. 민주 사회는 사상의 자유가 보장되어 다양한 가치관들이 펼쳐져 다채롭고 풍요로운 사회를 만드는데, 그런 것을 혼란으로 생각한 것이 가장 큰 문제였습니다.

국민 교육 헌장을 만들고 외우게 한 것은 박정희 정권에 순순히 복종하는 '의무를 다하는 인간'을 만들기 위해서예요. 국민 교육 헌장은 민주주의 사회에서 요구되는 인권과 자유를 추구하는 인간보다 국가에 복종하는 인간을 중요하게 다루고 있는 것에서 잘 알 수 있지요. 실제로 박정희 대통령은 1969년 3선 개헌안을 통과시키고, 1972년에는 10월 유신을 선포함으로써 장기 집권에 들어갔습니다.

1993년까지 교육부에서 주관하여 국민 교육 헌장 관련 기념식을 하고, 각종 기념행사가 실시되었어요. 그러나 2003년에는 공식적으로 국민 교육 헌장 선포 기념일도 폐지되어 역사 속으로 사라졌습니다.

26

중학교 입시 때문에 잠 안 오는 약을 먹었다고?

1960년대에는 일류 중학교에 가려면 초등학생들은 시험을 봐야 했어요. 초등학생 때부터 일류 중학교, 일류 고등학교, 일류 대학교를 향해 달렸다고 할 수 있어요. 학부모들이나 초등학생들이 원했던 일류 중학교 중 한 곳은 경기중학교였어요. 경기중학교는 1점 차이로도 당락이 결정될 정도로 경쟁이 치열하였죠.

1964년 12월 중학교 입학시험에 나온 자연 과목 18번 문제입니다. 정답은 뭘까요?

문제: 다음은 엿을 만드는 순서를 차례로 적어 놓은 것이다.

❶ 찹쌀 1kg 가량을 물에 담근다.

❷ 이것을 쪄서 밥을 만든다.

❸ 이 밥에 물 3*l*와 엿기름 160g을 넣고 잘 섞은 다음에 60도의 온도로 5~6시간 둔다.

❹ 이것을 엉성한 삼베 주머니로 짠다.

❺ 짜낸 국물을 졸인다.

위 ❸과 같은 일에서 엿기름 대신 넣어도 좋은 것은 무엇인가?

보기: ① 디아스타아제 ② 무즙 ③ 꿀 ④ 녹말

정답을 골랐나요? 시험 출제 위원들이 생각한 이 문제의 정답은 ① 디아스타아제였어요. 그런데 보기 중 ② 무즙도 답이었어요. 교과서에도 침이나 무즙에 디아스타아제 성분이 들어 있다

는 내용이 있었죠. 그런데 정답으로 ① 디아스타아제만 인정하였어요.

그런데 이 시험은 단순한 시험이 아니라 초등학생들이 일류 중학교에 가기 위해 보았던 시험이었죠. 많은 사람들의 관심이 집중되었고, 점수 1, 2점이 매우 중요해서 이 점수로 합격과 불합격이 결정되기도 하였어요.

당시 무즙을 답으로 써서 낙방한 학생의 학부모들은 가만히 있지 않았어요. 이 문제로 서울 고등 법원에 소송을 제기하였죠. 무즙으로 만든 엿을 먹어 보라며 솥을 들고 나와 시위를 벌이는 일도 생겼어요. 이 소송은 6개월이 지나 무즙도 답으로 인정한다는 판결을 받았습니다. 그리고 무즙을 써서 떨어진 학생 38명을 정원에 관계없이 입학시켜 일단락 났지요. 이 사건은 학부모들이 시험 점수에 얼마나 연연해하고 있었는지를 잘 보여 줍니다.

당시 한국 사회의 학부모들은 자녀를 일류 중학교, 고등학교에 보내기 위해 입시에 깊은 관심을 기울였습니다. 이러한 입시 경쟁은 초등학생들의 과외를 과열시켰고, 이로 인해 사회적 문제들이 발생하였어요. 서울 시내 초등학교 6학년 학생의 50% 이상이 근시에 걸려 있고, 30% 이상의 초등학생이 잠 안 오는 약을 먹었으며, 입시를 치른 초등학생의 39.8%가 정신 이상 등 스트레스가 심했다는 보고서도 있었습니다.

"빵빵이 추첨 만세!"

1968년에는 입시 스트레스로 인해 발생하는 문제들을 해결하기 위해 중학교 무시험제를 발표했습니다. 학부모들은 만세를 불렀고, 초등학생들도 너무나 기뻐했죠. 1969년부터 교육 평준화 정책이 추진되었어요. 서울을 시작으로 중학교 입학 시험 제도를 폐지하고 추첨으로 자신의 학교를 배정받도록 하였어요. 학생들은 공을 넣은 수동식 추첨기를 빵빵 돌려 학교를 배정받았죠. 그래서 '빵빵이 추첨'이라고 했습니다.

중학교 무시험제는 과도한 과외 열기를 일단 해소했습니다. 이 제도는 학부모들로부터 지지와 공감을 얻었으며 그 효과도 긍정적이었다고 평가받았어요. 나아가 1974년에는 고등학교의 과열 입시 경쟁을 막기 위해 고교 평준화와 함께 고등학교 배정이 거주지 중심으로 되는 학군제가 실시되었습니다.

27

고등학교들이 강남으로 옮겨 간 까닭은?

강남은 1970년대까지도 비가 오면 진흙탕 길이 너무 많아 장화가 없으면 살 수 없는 곳이라는 말이 있었죠. 강남이라는 단어는 원래 한강을 기준으로 강의 남쪽을 통틀어 부르던 말이었어요. 그러나 오늘날 강남은 행정 구역상의 의미가 강해 강남구, 서초구, 송파구, 강동구를 아우르는 단어로 사용하기도 합니다.

서울시에서 외곽이었던 강남의 개발을 본격적으로 시작한 것은 1967년 이후라고 할 수 있습니다. 1955년 150만 명 정도였던 서울시 인구는 1970년에는 550만 명이 넘는 규모로 팽창하였죠. 전국에서 사람들이 일자리를 찾아 서울로 왔기 때문이었어요. 서울시는 주택이 부족했고, 위생적인 상수도와 하수도를 갖추지 못했어요. 교통은 혼잡했고, 소음과 매연으로 환경 오염이 심각해졌어요. 게다가 학생 수가 늘어남에 따라 학교가 과밀해졌죠. 학생들을 한꺼번에 수용하는 것이 어려워 오전 오후 2부제로 나누어 수업을 진행하기도 하였어요. 서울시는 인구 분산 정책을 계획하였습니다.

서울시는 강남 개발 계획을 실행에 옮기기 시작하였어요. 1960년대 말부터 서울시가 심혈을 기울였던 것은 신중산층 및 부유층의 입주를 겨냥한 아파트 건축이었죠. 그러나 강남 개발이 논의되자 땅값은 폭등하였으나 사람들이 이주해 오지는 않았어요. 살기에 불편한 점이 많았기 때문입니다.

그런데 학생들의 교육 환경이 도심의 매연 및 소음 공해로 열악해지고 있었기 때문에 서울시는 고등학교의 이전을 고려하였어요. 특히 명문 고등학교가 강남으로 이전하면 명문고를 선호하는 학부모들이 따라서 이사 갈 것이라고 생각하였죠. 당시 서울시에는 148개의 학교가 있었는데, 이중 강북에만 84.5%가 몰려 있었어요. 명문 학교들의 강남 이전은 사람들의 관심을 끌기에 충분했어요.

"강남으로 가면 세금 혜택을 줄게"

학교 이전과 관련하여 서울시와 정부는 학교에 많은 혜택을 약속했습니다. 넓은 학교 부지를 확보하고, 최신식 건물을 건축할 수 있도록 보조해 주며, 은행 금리의 혜택을 주는 것뿐 아니라 양도 소득세, 재산세, 도시 계획세 등 7가지가 넘는 면세 혜택을 주었죠. 하지만 학교를 옮기는 것은 쉬운 일이 아니었어요. 경기고등학교의 경우 재학생과 학부모들의 반발도 있었지만 졸업생들의 반발이 심했습니다. 학창 시절의 추억과 향수가 담겨 있는 공간이 없어진다고 생각했기 때문이죠. 반발을 무마하기 위해 대통령과 문교부 장관이 직접 설득에 나서고, 기존의 학교 부지와 건물은 그대로 정독 도서관으로 유지하겠다는 조건으로 이전에 합의하였죠. 경기고등학교는 1976년 강남 삼성동으로 이전하였어요. 강남 지역으로 옮기면서 3만 2천 평의 넓은 교정뿐 아니라 최신식 시설을 갖춘 건물들을 갖게 되었습니다.

경기고등학교를 시작으로 강북에 있던 다른 명문 고등학교들도 강남으로 옮겨 가기 시작했어요. 휘문고등학교, 서울고등학교, 정신여고, 숙명여고, 경기여고, 보성고등학교, 창덕여고 등도 이전하였죠. 이들 학교도 현대식의 새 건물을 지었고, 과학관, 도서관, 체육관, 강당, 수영장 등의 시설을 갖출 수 있었어요.

그런데 강남 지역에 학교가 몰리자 다른 지역에서는 오히려 학교가 부족해졌어요. 그래서 학교 이전은 교육적인 문제 해결보다는 강남 개발의 의도가 더 강했다는 비판을 받았죠. 이들 학교는 1980년대를 거치면서 '강남 8학군'으로 대한민국의 교육열과 교육 문제를 드러내는 상징이기도 하였습니다.

28

의무 교육은 왜 실시할까?

의무 교육은 국가가 국민에게 일정한 교육을 받을 의무를 부과하는 것을 말합니다. 교육을 받도록 하는 의무는 일종의 벌칙을 수반하는 강제적 규범이지요. 특히 모든 아동을 대상으로 한다는 점에서 보편적 의무 교육이라고 할 수 있어요.

우리나라는 전 국민이 초등 교육 6년, 중등 교육 3년을 의무 교육으로 받아야 하지요. 역사적으로 살펴보면 의무 교육 제도는 국가 발전의 기초를 세우기 위해 실시되었어요. 근대 국가가 만들어짐에 따라 국민 전체의 지식 향상을 위해 의무 교육이 필요했죠. 또 민주 정치가 발달함에 따라 국민의 지적, 도덕적 수준이 한층 더 요구되어, 의무 교육 제도의 확립이 중요한 정책이 되었습니다.

대한민국은 제헌 국회 헌법에서 "모든 국민은 균등하게 교육을 받을 권리가 있으며 적어도 초등 교육은 무상으로 한다."는 규정이 명시되면서 의무 교육의 법적 기반이 마련되었어요. 그리고 1949년 12월 공포된 교육법 제8조에서 "모든 국민은 6년의 초등 교육을 받을 권리가 있다. 국가나 지방 공공 단체는 전항의 초등 교육을 위하여 필요한 학교를 설치, 운영하여야 하며 학령 아동의 친권자 또는 후견인은 그 보호하는 아동에게 초등 교육을 받게 할 의무가 있다."고 규정하였죠. 또한 교육법에는 사업 경영자가 의무 교육 학령 아동을 고용하지 못하게 하고 이를 위반하는 보호자 또는 학령 아동 사용자는 처벌을 받을 것이라고 명시하였어요.

"확대되고 있는 의무 교육"

초등 무상 의무 교육은 1950년 6월 1일 당시 취학 시기에 있는 학령 아동부터 실시하도록 선포되었으나, 6·25 전쟁으로 일시적으로 중단되었어요. 1952년 4월 교육법 시행령이 공포되었고, 정부는 '의무 교육 완성 6개년 계획(1954~1959년)'을 수립하여 추진함으로써 초등학교 의무 교육은 본격적으로 시행될 수 있었어요. 1969년부터 1971년 사이에는 중학교 무시험 진학제와 중학교의 평준화가 이루어졌으며, 중학교 진학률이 높아지면서 중학교 의무 교육 실시를 위한 기반이 조성되었죠.

그러나 재원 확보의 어려움으로 지연되다가 1985년에 처음으로 사회 문화적 혜택을 받지 못하는 섬이나 산간 지역의 중학교 1학년에게 의무 교육을 실시하였어요. 1986년에는 섬이나 외딴 지역에 사는 중학교 전 학년 249,000명에게 확대되었죠. 이후 2002년 신입생부터 중학교 의무 교육이 시작되었고, 2004년에 중학교 의무 교육을 완성하였어요. 그리고 장애 학생과 유치원 과정 및 고등학교 과정까지 의무 교육 내지 무상 교육의 범위가 확대되고 있습니다.

29
수시
심층 면접
논술
대학
수학 능력 시험은
언제부터 봤을까?

2020년 현재 대학을 가기 위한 입학 전형은 3,000개가 넘는다고 합니다. 입학 전형이 너무 많고 자주 바뀌어 고3 담임을 몇 년 동안 계속한 선생님을 제외하고는 입시 전형이 몇 가지인지, 각 대학들마다 어떤 입학 전형이 있는지 알 수 없다고 해요. 자녀를 대학에 보내려면 부모님들도 각 대학의 입학 전형을 공부해야 하구요.

대학들마다 우수한 학생들을 선발하기 위해 만들어 놓은 다양한 종류의 입학 전형이 있지만, 대학에 입학하기 위해서 학생들은 우선 '대학 수학 능력 시험(수능)'을 보아야 합니다. 수능은 고3 학생이나 재수생 등 대학을 가고자 하는 학생들만의 관심을 넘어 전 국민의 이목이 주목되는 시험입니다.

수능 시험일에 교통 체증을 방지하기 위해 공공 기관이나 민간 기업들이 출근 시간을 조정하고, 지각하는 수험생을 위해 경찰차나 순찰차들이 편의를 제공해 주기도 하지요. 심지어 영어 듣기 평가를 위해 비행기의 이착륙 시간도 조정됩니다. 외국인들은 수능 시험일을 '온 나라가 하루 동안 수험생을 위해 배려하는 날'이라고 부르기도 합니다.

시험이 끝나고 나면 물 수능, 불 수능, 불 수능을 넘어 마그마 수능, 시험 난이도 실패에 따른 변별력 상실, 대학 입시 눈치작전 치열 예상, 상향 지원, 하향 안정적 지원, 재학생보다 재수생이 유리 등등의 분석의 말들이 쏟아집니다. 이와 같이 대한민국 전 국민이 직간접적으로 수능에 영향을 받거나, 집중하고 있음을 알 수 있지요.

대학 입시 제도는 해방 이후 열 번이 넘게 바뀌었습니다. 해방 이후부터 1960년대까지는 대체로 대학별로 선발 인원, 선발 방법, 시험 과목 등을 정해 놓고 단독 시험을 치러 학생을 선발하였죠. 1969년부터 1980년까지는 대학 입학 예비고사와 대학별 본고사를 실시하여 학생을 선발하였습니다. 예비고사를 보고, 여기서 자격을 얻은 학생들이 대학별로 시험을 실시하는 본고사를 볼 수가 있었죠. 당시에는 두 번의 시험을 보고 대학을 간 것이에요.

그러나 전두환 정권기였던 1982년 본고사가 폐지되었습니다. 본고사가 고등학교 교과 범위를 넘어 너무 어렵게 출제되고, 이 때문에 과외 등의 사교육 부담이 크다는 비판이 제기되고 있다며 대학 입시 제도를 학력고사로 바꾸었습니다.

학력고사는 대학에 입학하여 학업을 수행할 능력이 있는지를 알아보기 위하여 고등학교에서 배운 과목을 중심으로 시험을 실시하였어요. 대학 입시를 치르는 수험생들은 학력고사와 고등

과외 금지

쿠데타로 정권을 잡은 전두환과 신군부 세력은 1980년 7월 30일 과외를 전면 금지시켰다. 국가보위 비상대책 위원회에서 발표한 교육 개혁 조치에 따라 재학생의 과외 교습 및 입시 목적의 재학생 학원 수강을 금지했다. 전두환 정권은 불법 과외 단속을 벌였지만, 부유층에서는 비밀과외가 성행했다. 1989년 대학생 과외가 허용되고, 2000년에 헌법 재판소에서 과외 교습 단속 행위에 대해 위헌 판결을 내렸다.

학교 내신을 주요 전형 자료로 해서 먼저 대학을 지원하고 시험을 치렀습니다.

"수능은 사고력을 측정하는 시험"

그러나 학력고사는 암기 위주의 성격이 강하고, 대학을 점수대로 서열화한다는 비판을 받았습니다. 1986년 당시 대통령 직속 심의 기구인 교육 개혁 심의회가 '교육 개혁 종합 구상'이란 보고서를 통해 기존의 학력고사를 대체하는 시험으로 전체 교과의 학업 적성 평가를 위한 '대학 입학 적성 시험'을 제안하면서 수능이 탄생하였어요. 이후 여러 과정을 거쳐 1994년 종합적인 사고를 문제에 도입한 수능 시험이 도입되었죠.

수능은 암기 위주의 지식이 아닌 사고력을 측정하는 시험입니다. 선천적인 능력이나 일반적 적성을 측정하는 것이 아니라 대학 교육 수학에 필요한 학업 적성을 측정하는 시험이죠. 그리고 고등학교의 특정한 교과별 시험이 아니라 통합 교과적 소재를 활용하는 시험 출제를 지향한다고 밝혔어요.

1994년 대학 입학시험 제도의 핵심은 수능이었으나 이 외에도 고등학교 교육의 정상적 운영, 학생 선발의 객관성과 공정성의 확보, 그리고 대학의 학생 선발권 보장이라는 3가지 기능이 조화를 이룰 수 있도록 고등학교 내신 성적, 대학 수학 능력 시험, 대학별 고사의 3원 체제로 개선되어 실시된다고 교육 개혁 심의회는 발표하였습니다.

대학의 자율적 결정에 따라 대학별 고사를 병행할 수 있게 하면서, 대학들은 논술이나 심층 면접을 도입하는 등 여러 전형들을 도입하여 우수한 학생들을 선발하려고 수시 모집을 실시하였어요. 2000년 들어 대학들도 입시에 관하여 많은 중요한 내용을 자율적으로 결정할 수 있었지요. 각 대학들은 수시와 정시의 비율을 조정하며 학생들을 선발하고 있습니다.

홍콩 독감
새마을 운동
1968년~
1970년~
장발 단속
미니스커트 단속
통행금지
서울
올림픽
김대중 대통령
노벨 평화상
수상
1988년
2000년

6장
다채로운
사회·문화

30

새마을 운동이 잘살기 운동이라고?

1970년대 농촌 마을에는 새벽 6시경이 되면 커다란 스피커를 통해 기상나팔 소리가 울려 퍼졌습니다. 그리고 "새벽종이 울렸네, 새 아침이 밝았네, 너도나도 일어나 새마을을 만드세~"라는 노래가 흘러나왔지요. 사람들은 이 노래를 들으며 일어나 청소를 하고, 하루를 시작했어요.

농촌을 개발하고자 시작된 새마을 운동에 농민들은 적극적으로 참여하였습니다. 마을이 잘살고, 자신의 집이 잘살게 되는 운동이라 생각했기 때문이었죠. 새마을 운동은 박정희 대통령이 1970년 4월 지방 장관 회의에서 처음 제안했어요. 이 회의에서 박정희 대통령은 "우리 마을은 우리 손으로 가꾸어 나간다는 자조, 자립정신을 불러일으켜 땀 흘려 일한다면 모든 마을이 머지않아 잘살고 아늑한 마을로 그 모습이 바꾸어지리라고 확신한다. 이 운동을 새마을 가꾸기 운동, 또는 알뜰한 마을 가꾸기 운동이라 해도 좋을 것"이라고 의견을 내놓았습니다. 이것을 계기로 '새마을 가꾸기 교육'이 전국의 읍면장들에게 실시되었어요.

새마을 운동의 성공은 정부가 전국의 마을에 제공한 시멘트와 밀접하게 관련되어 있어요. 정부는 1970년 11월 농한기를 이용해 전국 33,267개의 촌락에 시멘트 335포대씩을 나누어 주면서 마을 공동 사업에 쓰도록 하였죠. 농민들은 정부에서 나누어 준 시멘트에 자신들의 노동력을 보태어 마을 공동 사업을 실시하였어요. 마을에 넓은 길 만들기, 마을 회관 건립, 공동 빨래터 조성 등 각 마을이 평소 원하던 사업을 시행하였죠. 이 사업에 대한 농민들의 반응은 대단하였어요. 농민들은 새마을 깃발 아래 모여 도로 확장 공사를 하거나 공동 시설물들을 건립하였죠.

게다가 뚜렷한 성과가 있는 마을에는 또다시 시멘트 500포대와 철근 1톤씩을 지원하여 새마을 사업을 장려하였어요. 이것은 마을 간의 경쟁을 유도한 것이기도 하였죠. 이 또한 기대한 것 이상의 성과를 거뒀습니다. 투자에 비해 엄청난 무상의 노동력이 투입됨으로써 농촌 마을의 수많은 숙원 사업이 이루어진 것이에요. 농민들은 잘살기 위해 초가집도 없애고, 큰길을 만드는 일에 자발적으로 참여했죠.

"초가집도 없애고
마을길도 넓히고"

1970년 당시 전국의 250여 만 농가들 중 약 80%가 초가지붕이었습니다. 새마을 운동 초기에는 초가지붕을 슬레이트 지붕으로 바꾸는 것을 새마을 사업이라고 생각할 정도로 지붕 개량이 활발하게 전개되었어요. 점차 전국 농촌 마을의 지붕이 슬레이트나 시멘트 기와로 바뀌었습니다. 당시 농민들의 기쁨은 이루 말할 수 없었다고 합니다. 또 좁고, 포장되지 않았던 도로가 넓게 포장되자 리어카, 경운기 등이 다닐 수 있게 되었죠.

새마을 운동이 성공적으로 진행되자 자극받은 정부는 1971년 겨울부터 주거 환경 개선, 생산 기반 개선, 유통 시설 개선, 부업 확대 등의 대대적인 농촌 개발 사업에 돌입하였어요. 새마을 운동을 성공시키기 위해 박정희 대통령은 직접 마을 시찰에 나서기도 하고, 농촌을 방문하여 모심기도 하고, 농민과 함께 막걸리를 마시기도 하는 등 새마을 운동에 적극적인 모습을 보여 주었죠.

1970년대 새마을 운동은 수리 시설 확충, 농경지 확장 등을 통한 식량 자급의 길을 마련하였습니다. 영농의 과학화, 농가 부업의 육성, 농산물 가격 보장, 농수산물 유통 구조 개선 등에서도 성과를 보였죠. 그럼에도 새마을 운동이 농촌을 진짜로 잘살게 했는지는 모르겠다며 의문을 제기하는 사람들도 있습니다. 왜냐하면 도시와 농촌의 소득 격차가 크게 났기 때문입니다. 당시 농촌을 떠나 도시로 이동하는 이농 현상이 아주 빠른 속도로 진행되었어요. 잘사는 고향 농촌을 떠나 연고도 없는 도시로 떠나는 사람들이 어디 있겠냐고 묻는 사람들도 있습니다. 새마을 운동은 근대화된 농촌의 모습을 만드는 데는 성공했지만 실제로 경제적으로 잘사는 농촌을 만들었는지에 대해서는 생각해 볼 부분이 많습니다.

31

한국인은 홍콩 독감을 무사히 이겨 냈다고?

세계 보건 기구(WHO)가 감염병 위험 최고 단계인 팬데믹을 최초로 선언한 질병은 1968년 홍콩 독감이었습니다. 두 번째는 2009년 신종플루, 세 번째가 2019년 코로나19입니다. 홍콩 독감은 전 세계로 어마어마한 위력을 떨쳤지요.

1968년 9월 대한민국 보건사회부는 "홍콩 독감 조심합시다!"라며 홍콩에서 맹위를 떨치고 있는 유행성 독감이 우리나라에도 침범할 우려가 있으니 국민들의 주의를 바란다는 발표를 하였습니다. 홍콩에서 발생한 독감에 대해 대한민국 정부가 발 빠르게 이러한 발표를 한 이유는 홍콩 시민의 약 10%인 60여 만 명이 이 독감에 걸려 앓고 있고, 전염 속도가 빨라 근방으로 확산될 가능성이 높았기 때문입니다. 그해 대한민국의 9월 평균 기온은 예년보다 7~8도 낮은 15.4도였고, 아침저녁과 낮의 기온 차가 커서 신종 인플루엔자 성장의 최적의 조건을 갖추고 있었기에 빨리 침입될 것으로 우려했던 겁니다.

무엇보다 조심을 강조하였던 이유는 "시간적, 경제적 여유가 없어 예방약은 물론 방역 대책조차 세우지 못하고 있었던 것"을 들 수 있습니다. 이러한 상황에서 보건사회부는 개인이 지켜야 할 예방 수칙을 발표하였죠. 홍콩 독감은 환자의 침이나 재채기를 통해 전염되므로 되도록 사람이 많이 모인 곳에 가지 말 것, 과로하지 말 것, 기온 변화에 따른 온도 조절에 유의할 것, 컵이나 식기 등을 소독할 것을 강조하였습니다.

역사적으로 감염병은 제한된 지역뿐 아니라 전 세계를 위협하여, 대규모의 사망을 초래하였습니다. 감염병으로는 중세 유럽을 휩쓸어 유럽 인구의 절반을 사망하게 했던 흑사병을 비롯하여 천연두, 콜레라, 결핵, 독감, 중증 호흡기 증후군, 조류 독감, 신종 플루, 메르스 등이 있습니다.

"백만 명 이상 사망한 홍콩 독감"

1968년의 홍콩 독감은 당시 세계적으로 1백만 명 이상의 사망을 초래하였으며, 이후 매년 겨울철에 유행하여 큰 희생을 치르게 했습니다. 최초의 팬데믹으로 규정된 감염병인 홍콩 독감은 1968년 3월 17일 홍콩에서 첫 확진자가 나왔기 때문에 홍콩 독감이라고 불렀습니다. 첫 확진자 발생 후 3개월 뒤인 6월 24일에 갑자기 병원에 환자들이 들이닥치기 시작했고, 워낙 감염자가 많아서 홍콩 의사들도 집에서 자가 격리와 휴식을 하라는 처방만 내릴 수밖에 없었죠. 다음 날인 6월 25일엔 공공 서비스와 산업이 마비됐습니다. 특히 홍콩 전화국 및 전력 회사는 3분의 2 이상의 직원이 감염자여서 정상적인 업무가 불가능했죠.

확진자가 처음 발생한 지 4개월 뒤인 7월엔 베트남과 싱가포

르로 9월엔 인도, 필리핀, 호주와 유럽까지 전파되었어요. 그리고 베트남 전쟁에서 귀국하는 군인들을 통해 미국에 확산되었죠. 9월에 캘리포니아를 비롯하여 여러 곳에서 사망자가 나왔고, 12월과 다음해 1월 두 달 사이 사망자 수가 정점을 찍었어요. 미국에서도 3백만 명 정도가 감염되어서 3만 명 이상의 사망자가 나왔죠. 1969년에는 일본과 남미까지 번짐으로써 사실상 팬데믹이 되었습니다. 증상은 38도 이상의 고열이 나면서 오한, 인후통, 근육통 등이 나타났습니다. 감염되면 4, 5일이나 길면 2주간 증상이 지속되었지요.

이렇게 대단한 위력을 떨친 홍콩 독감은 당연히 한국에도 찾아왔어요. 한국에는 백신도 치료제도 없었고, 너나 할 것 없이 가난했어요. 그만큼 독감에 취약할 수밖에 없는 생활환경이었던 것이죠. 몸이 아프면 조금 형편이 나은 사람들은 약국에서 항생제라도 사다 먹었지만, 대부분 그냥 독감을 앓을 수밖에 없었습니다. 당시 홍콩 독감에 걸렸던 환자는 전국에서 10만여 명 정도였던 것으로 추산하고 있습니다. 그러나 치사율은 매우 낮아 그나마 다행이었죠. 홍콩 독감은 2015년 다시 유행하여 사람들을 긴장시켰습니다.

32

짜장면은 어떻게 인기 음식이 되었나?

1990년대 "짜장면 시키신 분?"이라는 유행어가 있었습니다. 우리나라 최남단에 있는 섬 마라도에서 휴대 전화가 잘 터질까에 대한 의구심을 짜장면 배달과 연결해 해소시킨 이동 통신사 광고에 나오는 카피예요. 전국 어디에서든 짜장면은 전화만 하면 오는 배달 음식의 상징이었어요.

짜장면은 가족 나들이 외식 음식의 대명사이기도 하였죠. 1980년대만 해도 졸업식이나 생일 등 집안에 축하할 일이 있으면 부모들은 아이들과 함께 중국 음식점에 가곤 하였어요. 그리고 짜장면과 탕수육 등을 시켜 먹었죠. 오늘날에도 새로운 집으로 이사하면 꼭 시켜 먹는 것 중 하나가 바로 짜장면입니다. 우리들의 크고 작은 행사에 빠지지 않는 짜장면이 어떻게 대중적 음식이 되었을까요?

짜장면의 중국 말은 자지앙미엔으로 삶은 면에 볶은 춘장과 각종 야채를 얹어 비벼 먹는 전형적인 가정식 요리를 말합니다. 우리나라 중국 음식점에서 파는 짜장면은 한국에만 있는 것입니다. 중국 음식인 짜장면, 짬뽕, 우동 등이 한국 사람들의 입맛을 사로잡은 것은 대한민국 정부의 화교 정책의 변화와 밀접하게 관련이 있습니다.

1949년 중화 인민 공화국이 탄생하면서 한국에서 상업 활동을 하던 중국인 화교들에게 큰 변화가 생겼어요. 한국 정부는 공산주의 국가인 중국과 국교를 단절하고, 화교들의 무역을 금지시켰어요. 많은 화교들은 일자리를 잃게 되었습니다. 게다가 중국이 공산 국가가 되었기 때문에 그들의 고국으로 돌아가는 것도 쉽지 않았죠. 이런 상황에서 많은 화교들이 적은 돈으로 가족이 힘을 합쳐 할 수 있는 음식점을 차렸습니다. 1948년 300여 개였던 중국 음식점 수는 1972년에는 2,400여 개로 늘어났어요. 전체 화교 인구에서 음식점 종사자가 차지하는 비율도 1949년에는 40.3%였는데 1972년에는 77%로 빠르게 증가하였죠.

처음부터 한국인들이 짜장면을 즐겨 찾았던 것은 아니었습니다. 화교들은 한국인의 입맛에 맞게 중국 음식을 변형시키기 시작하였죠. 향료를 줄이고, 매운맛을 좋아하는 한국인을 위해 후추와 고추, 양파 등 한국에서 많이 나는 것들을 이용하였어요. 그리고 짜장면의 핵심인 춘장에 물을 타서 연하게 하고 캐러멜을 첨가하여 단맛이 나도록 만들었어요. 탕수육 또한 본래 음식과는 다르게 전분 가루를 묻혀 바삭바삭하게 튀겨서 한국인의 입맛에 맞추었죠. 볶음밥은 1970년대 중국 음식점에서 공깃밥 판매를 금지하는 쌀밥 판매 금지령이 공포된 이후에 탄생하였습니다. 이렇게 해서 중국에서는 맛볼 수 없는 한국화된 중국 음식들이 만들어졌어요.

"미국에서 남는 농산물이 한국에 들어와"

32

짜장면이 한국인들이 많이 찾는 외식 음식의 대표가 되었던 또 다른 이유는 값싼 밀가루의 공급이었습니다. 1956년부터 한국에는 미국에서 소비되고 남는 농산물이 들어오기 시작하였어요. 미국산 농산물은 한국의 곡물 소비량의 40%를 차지할 정도로 많았죠. 그중 70%가 밀이었습니다. 밀가루 값은 쌀값과 비교할 수 없을 정도로 쌌어요. 화교들은 싸게 밀가루를 사서 짜장면, 짬뽕 등의 음식을 만들어 싸게 팔 수 있었죠.

1960년대 짜장면 가격은 15원이었습니다. 1980년대에는 350원이었는데, 당시 설렁탕 가격이 700원이었던 것과 비교해 보면 싼 가격으로 한 끼 식사를 할 수 있었음을 알 수 있지요. 이처럼 저렴한 가격 덕분에 짜장면은 대중 음식으로 자리 잡아 갔어요. 짜장면 가격은 시간이 지나도 급격히 상승하지는 않았어요. 많은 사람들이 찾는 음식이라서 가격을 올리는 것에 저항이 있었기 때문입니다.

짜장면이 배달 음식의 대명사로 자리 잡은 것은 1980년대에 집집마다 전화가 보급되면서부터였어요. 1990년대 후반에 휴대전화가 빠르게 확산되면서 집과 사무실뿐 아니라 야외에서도 배달시켜 먹을 수 있게 되었죠. 짜장면은 특별한 날 먹던 귀한 음식에서 시간이 촉박할 때 빨리 시켜 먹을 수 있는 간편 음식으로 변했습니다. 짜장면의 역사는 화교들이 한국에 정착한 역사이며, 한국 음식 문화의 변화를 잘 보여 주는 것이기도 합니다.

33

머리카락 길이와 치마 길이도 단속했다고?

1970년대 한국 경찰들은 오른손엔 가위, 왼손엔 대나무 자를 들고 다녔습니다. 이것은 경범죄 대상인 남성의 장발과 여성의 치마 길이를 단속하기 위한 도구들이었어요. 머리카락과 옷조차 나라에서 규제했던 유신 시대의 풍경입니다.

"장발이 타인에게 혐오감을 준다는 것은 주관적인 것 아닙니까. 장발의 기준을 어디에 둡니까. 내 머리를 내 마음대로 못한단 말입니까…." 머리가 길다고 파출소에 연행되어 머리를 깎인 한 젊은이의 항변을 실은 1972년 10월 4일자 〈경향신문〉 기사입니다. 장발과 관련된 또 다른 일화도 있습니다. 장발 단속이 한창이던 1970년대 한 남자가 긴 머리를 약간 자른 뒤 종로3가 파출소 문을 빼끔히 열고는 물었습니다. "경찰 아저씨, 이 정도면 장발은 아니죠?" 그러자 경찰이 가위를 들고 다가와 "인마! 여기까지 잘라야 단속 대상이 아니지."라며 머리카락을 싹둑 잘라 버렸다는 것입니다.

1961년 군사 쿠데타로 집권한 박정희는 집권 초부터 사회 정화 운동을 표방하였습니다. 그 일환으로 음란물 특별 단속반을 설치하여 사회적으로 어지럽고 문란한 행동을 일제히 단속했습니다. 1971년에는 "저속하고 외설적인 출판, 공연들, 유흥업소의 퇴폐 성향과 추악한 작태, 장발 등은 사회 윤리와 법질서를 문란시키고 있다. 특히 청소년에게 좋지 않은 영향을 끼쳐 건전한 국민정신을 해치고 있다. '공연법', '경범죄 처벌법' 등 현행 법규 안에서

엄하게 다스릴 방침이다."라는 담화문을 발표하였어요. 1973년에는 단속 범위에 미니스커트가 포함되었습니다.

"유신 정권에 온몸으로 저항"

장발 단속의 기준은 귀가 완전히 나와야 되고, 뒷머리는 와이셔츠 깃에 닿으면 안 되었어요. 장발 단속에 걸리면 대체로 머리를 바리캉이라는 기계로 깎이고 훈방 조치를 당했습니다. 장발 단속 시 경찰은 거리에 금줄을 치고 적발된 사람들을 한곳에 모여 있게 했죠. 광화문, 종로, 명동 등 중심가와 대학가에는 노천 구류소와 의자만 있는 간이 이발소가 설치되었어요. 그리고 20~40여 명의 장발족이 불려 나가 의자에 앉히는 것을 기다리고 있었죠. 제대로 이발을 원하는 사람은 이발료를 내고 깎기도 했지만 돈이 없으면 뒷머리나 옆머리를 고속 도로처럼 바리캉으로 밀어 버렸어요. 멀리서 단속 현장을 보고 골목길이나 사람이 붐비는 곳으로 도망치는 사람도 많아 그들과 경찰과의 추격전을 보는 것은 일상적인 일이었죠. 머리 깎기를 거부하면 즉결 심판에 넘겨지고 3천 원 이하의 벌금을 물었습니다.

1970년대 여성들의 패션에 대대적인 유행을 몰고 온 것이 미니스커트였어요. 여성들의 미니스커트에 대해 유신 정권은 풍기

문란의 원인이 될 수 있다며 단속을 강화하였죠. 경찰은 30센티미터 자를 들고 다니며 미니스커트를 입은 여성을 잡아 세우고 길이를 쟀습니다. 무릎 위 20센티미터 이상은 처벌 대상이 되었죠. 이것을 어기면 3천원 이하의 벌금과 2~3일간의 구류 처분을 받았습니다.

장발 단속, 미니스커트 단속, 통행금지 등 단속과 금지가 난무했던 시기 대한민국의 젊은이들은 머리를 기르고 미니스커트를 입으며 자유를 느끼고, 강압과 금지를 강요하는 유신 체제에 이유 있는 저항을 했습니다. 장기 집권으로 이어진 강압적 유신 체제와 박정희 독재에 대해 온몸으로 저항을 하였던 것입니다.

당시 박정희 정부는 개인주의적이고 자유분방한 사고, 자유와 다양성을 용납하지 않았어요. 그러나 박정희 대통령 사후 내무부는 "젊은이들이 최근 새 시대에 적응할 수 있는 몸가짐을 스스로 갖게 되었으므로 머리의 길이도 젊은이들의 판단에 맡겨야 한다."고 말하고 "경찰이 장발을 지나치게 단속하는 것은 젊은이들의 자율 사상을 억제하는 부작용을 일으킬 염려가 있다."고 지적하고 단속을 중지하였습니다. 유신 체제가 막을 내림으로써 유신 시대 단속 대상이었던 머리카락의 길이와 치마의 길이는 개인의 취향에 의해 스스로 선택할 수 있게 되었습니다.

34

88 올림픽이 한국을 세계에 알렸다고?

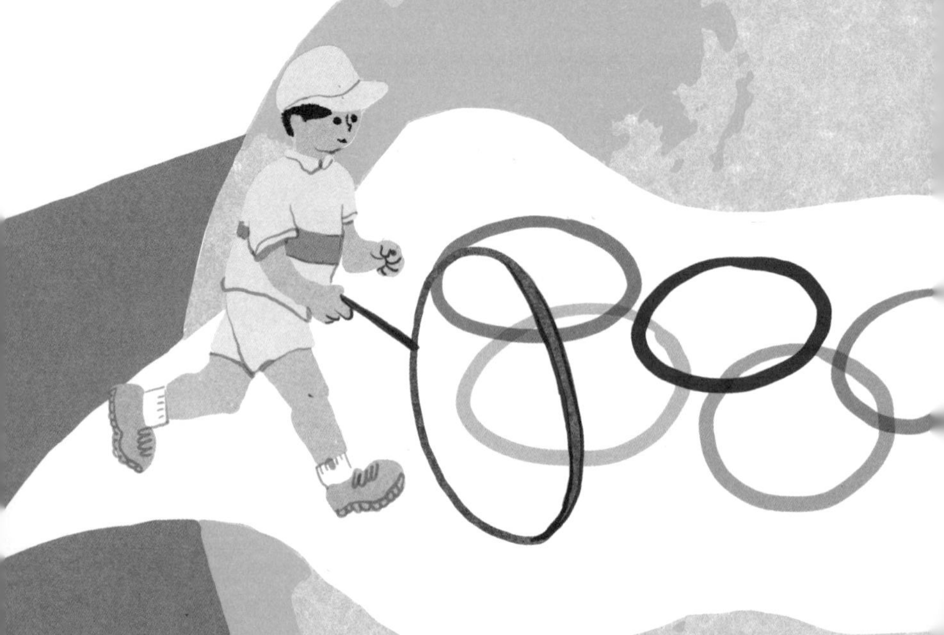

서울 올림픽이 열리기 전까지만 해도 세계인들은 한국을 전쟁이 일어났던 나라, 분단된 나라, 가난한 나라로만 알고 있었습니다. 아니면 "이 지구상에 그런 나라가 있어?", "나는 잘 모르는 나라야."라는 반응을 보이는 것이 보통이었죠. 그러나 1988년 제24회 서울 올림픽은 전 세계가 한국을 주목하게 만들었습니다.

올림픽 개막식이 시작된 지 2시간 정도 지났을 때 아주 짧은 시간이지만 커다란 경기장에 정적이 흘렀습니다. 전 세계인들은 화려한 축하 행사에 집중하고 있다 일순간 너무 조용해지자 당황해했습니다. 곧 넓은 운동장으로 한 소년이 굴렁쇠를 굴리며 들어와 달렸습니다. 굴렁쇠를 굴리던 소년이 운동장 가운데에서 멈춰 서, 전 세계가 하나라는 의미를 가지는 원 모양의 굴렁쇠를 어깨에 메고 관중들을 향해 손을 흔들었습니다. 그제야 큰 박수와 함께 벅찬 감동을 받은 사람들이 감격에 찬 탄성을 터트렸어요. '벽을 넘어'라는 화합을 주제로 한 세계인의 축제였던 서울 올림픽 개막식의 한 장면이었죠. 서울 올림픽은 당시 인류가 직면하고 있는 이념의 벽, 인종의 벽, 그리고 종교의 벽을 넘어 세계가 하나가 되는 화합을 이끄는 기회를 마련하고자 하였어요.

서울 올림픽 개최를 위한 준비는 1970년대부터 시작되었어요. 특히 1979년 문교부에서는 제24회 올림픽 대회를 서울에서 유치하기 위해 본격적으로 유치 작업에 돌입했죠. 당시 정부는 경제적 성장과 맞물려 한국을 세계에 알리고 한국인들의 자긍심을 높이는 데 올림픽의 개최가 좋은 방법이라고 생각했어요. 1980년 국제 올림픽 위원회에 서울을 올림픽 유치 후보 도시로 신청하였어요.

1981년 9월 서독 바덴바덴에서 사마란치 국제 올림픽 위원장은 "쎄울, 꼬리아!"라고 1988년 올림픽 개최지를 발표하였습니다. 서울이 일본의 나고야를 52대 27로 제치고, 제24회 올림픽 개최지로 결정된 것이었죠. 대한민국은 세계에서 16번째로 올림픽 개최국이 되었어요. 아시아에서는 2번째였습니다.

올림픽의 서울 개최가 결정된 후부터 온 국민의 기대와 관심 속에 준비가 진행되었어요. 올림픽 주경기장 건설, 한강 개발, 교통 대책 마련 등 많은 체육 시설과 편의 시설들을 정비하고, 전국 곳곳에 문화 환경을 조성하였죠.

"화합과 전진"

제24회 서울 올림픽 대회는 '화합과 전진'의 기치 아래, 전 세계 160개국이 참가해 올림픽 사상 최대 규모로 진행되었어요. 서울 올림픽은 제22회, 제23회 올림픽이 정치적, 이념적인 이유로 전 세계인의 축제가 되지 못했던 것을 극복한 올림픽이라는 점에서도 의미가 컸죠. 제22회 모스크바 올림픽의 경우는 소련의 아프가니스탄 침공을 이유로 미국을 비롯한 서방 60여 개국이 불참했습니다. 그리고 1984년 로스앤젤레스에서 개최된 제23회 올림픽 대회는 소련 등 동유럽 국가 18여 개국이 역시 불참했습니다. 이처럼 올림픽이 정치적 대결로 중대한 위기에 처한 시점에서, 분단국가인 한국에서 개최되는 올림픽에 전 세계인들이 주목하였어요.

88 서울 올림픽에서는 탁구가 처음으로 올림픽 정식 종목이 되었어요. 한국 여자 탁구 복식팀은 탁구 강국 중국을 상대로 결승전을 치러 우승하였지요. 남자 탁구 단식은 한국 선수끼리 결승전을 치렀습니다. 그리고 양궁은 여자 개인전에서 금, 은, 동메달을 휩쓸었고, 남녀 단체전에서도 금메달을 획득하는 등 선전을 펼쳤어요. 한국이 획득한 금메달은 12개로 소련, 동독, 미국에 이어 4위였습니다.

88 서울 올림픽의 성공적인 개최로 한국은 정치 · 외교, 사회,

88 서울 올림픽 인기 경기

서울 올림픽에서 가장 관심을 끌었던 경기는 남자 100미터 달리기의 미국의 칼 루이스와 캐나다 벤 존슨의 세기의 대결이었다. 이 경기는 벤 존슨이 세계 신기록을 세우며 1위를 차지하였다. 그러나 도핑 테스트 결과, 금지 약물을 복용한 것이 드러나 벤 존슨의 기록은 취소되고 금메달도 박탈당하였다. 대신 2위였던 칼 루이스가 금메달의 주인공이 되었다.

문화 등 여러 분야에 걸쳐서 많은 변화를 맞았어요. 가장 큰 변화는 대한민국의 국제적인 위상이 눈에 띄게 향상되었다는 점이에요. 6·25 전쟁을 치른 나라, 원조를 받았던 나라지만 급속한 경제 발전을 이룬 개발 도상국 정도로 인식되던 대한민국을 전 세계인들이 새롭게 보게 된 것이죠. 그리고 그동안 교류가 없었던 소련, 중국, 동유럽 국가들이 올림픽에 참가함으로써, 공산권 국가와의 관계를 개선할 수 있는 계기가 마련되었습니다. 이후 소련, 중국, 동유럽 국가와의 국교 수립으로 연결되었어요.

서울 올림픽은 대한민국의 국제적 위상을 높이는 데 크게 기여했지만 다른 한편으로는 올림픽 이후 한국 내의 부익부 빈익빈이 심화되었다는 평가를 받기도 합니다. 서울 올림픽은 그 준비 과정에서 경기장 건설, 달동네 환경 정비 및 재개발이라는 명목하에 판자촌 및 빈민가를 철거하였어요. 많은 사람들이 자신의 생활 터전에서 쫓겨나 어려움을 겪었죠. 그리고 미관을 해친다는 이유로 부랑아 및 정신 지체 장애인들을 보호 시설에 수용하는 등 인권을 침해하는 문제들을 드러냈습니다.

35

김대중 대통령이 노벨 평화상을 받은 이유는?

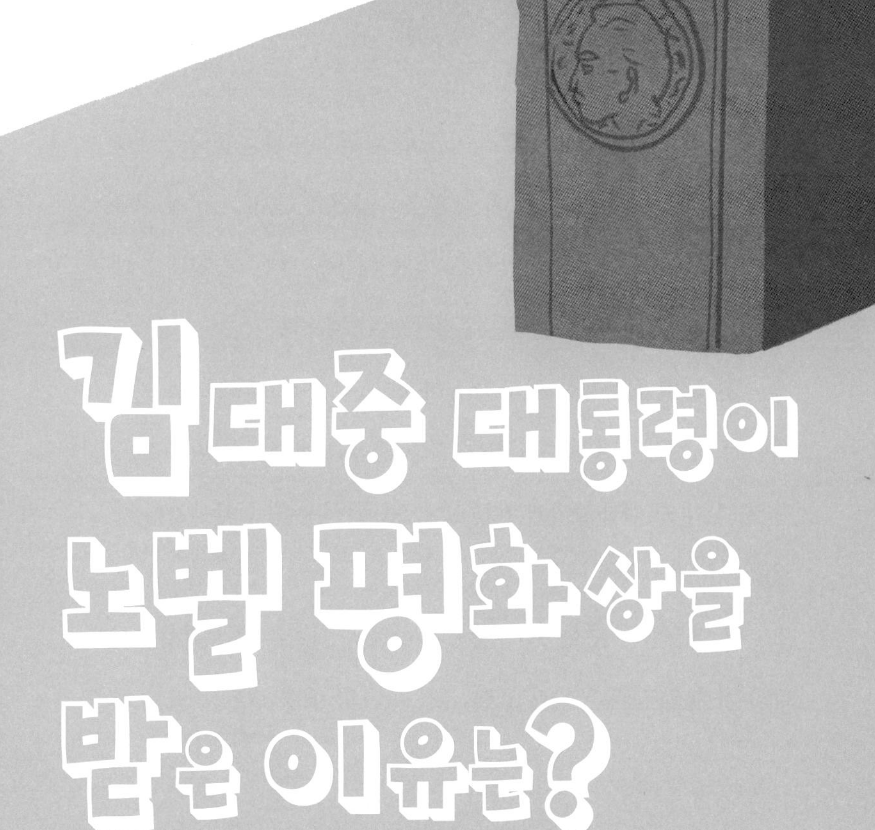

2000년 노르웨이의 노벨 평화상 선정 위원회는 몹시 바빴어요. 왜냐하면 2000년은 노벨 평화상을 제정한 지 100주년이 되는 해였고, 새로운 천 년의 첫 수상자가 나오는 해였기 때문이었죠. 노벨 평화상 부문은 35개 단체와 150명의 후보가 추천을 받아 그 어느 때보다 치열한 경합을 벌였습니다.

노벨 평화상 후보자들은 노벨 평화상 추천 자격이 있는 노벨 위원회의 전·현직 의원, 국제 사법 재판소 재판관, 정치, 법학, 철학, 역사학 전공학자, 노벨 평화상 수상자 등의 추천으로 후보자 명단에 오르게 됩니다. 그래서 노벨 평화상 후보로 추천받은 것만으로도 영광으로 여기기도 합니다.

2000년 12월 10일 노르웨이 노벨 위원회는 대한민국 김대중 대통령을 노벨 평화상 수상자로 발표하였어요. 그리고 선정 이유를 아래와 같이 자세하게 밝혔죠. 발표 내용을 보면 왜 김대중 대통령이 노벨 평화상을 받았는지 잘 알 수 있습니다.

"본 노벨 위원회는 한국과 동아시아 전반의 민주주의와 인권 개선에 기여했으며 특히 남북한 간의 평화와 화해에 노력을 기울여 온 김대중 대통령에게 2000년 노벨 평화상을 수여하기로 결정했다.

김 대통령은 수십 년간 계속된 한국의 권위주의 정권하에서 여러 차례 생명의 위협과 오랜 세월 동안의 망명 생활을 딛고 한국 민주주의의 지도적인 대변자로 떠올랐다. 1997년 그가 대통령에 취임하면서 한국은 세계 민주주의 국가 대열에 확고하게 합류했다. 그는 대통령으로서 민주 정부를 강화하고 한국 내부의 화해를 촉진시키기 위해 노력해 왔다. 김 대통령은 강력한 도덕적 강고함으로 아시아에서 인권을 제한하려는 시도에 맞섬으로써 동아시아의 보편적인 인권의 앞선 수호자로 부상해 왔다. 미얀마와 동티모르의 민주주의를 위해서도 지대한 노력을 했다.

김 대통령은 '햇볕 정책'을 통해 남북한 간에 50년 이상 된 전쟁과 적대감 극복을 시도했다. 그의 북한 방문은 두 나라 간의 긴장을 완화하는 촉진제가 됐다. 이제 한국에서도 냉전이 해소될 수 있을 것이라는 희망이 생겨났다. 김 대통령은 한국과 이웃 국가들, 특히 일본과의 화해를 위해서도 노력했다. 노르웨이 노벨 위원회는 한반도의 화해 진전과 미래의 통일을 위한 북한 및 다른 국가 지도자들의 공헌에도 감사의 뜻을 밝히고자 한다."

"화해와 포용의
햇볕 정책"

마지막으로 당시 노벨 위원회 군나 베르게 위원장은 "김 대통령의 평화상 수상이 남북한 간의 평화 증진에 도움이 되기를 바란다."고 하며 노벨 평화상 수여에 대한 의미를 더하였습니다. 김

대중 대통령의 노벨 평화상 선정 이유 중 중요한 부분은 남북 관계의 개선에 있었음을 알 수 있지요. 특히 전 세계의 주목을 받았던 2000년 6월 남북 정상 회담을 성사시켜 반세기 동안 얼어붙었던 한반도의 화해를 이끌어 낸 김 대통령의 대북 정책이 주효했음을 알 수 있어요. '햇볕 정책'으로 불린 대북한 화해 정책은 지구상의 마지막 냉전 지역으로 남아 있는 한반도의 긴장 해소를 가지고 올 수 있는 의미 깊은 전환점이 될 것이라는 평가를 받았습니다.

그러나 남북 관계의 개선만으로 김대중 대통령이 평가를 받은 것은 아니었어요. 이승만 정권에서부터, 박정희, 전두환, 노태우 정권에 이르기까지의 권위주의 정권에 물러서지 않고 맞서 싸워 민주주의를 실현시켜 온 민주화 운동도 크게 인정받았음을 알 수 있어요.

대한민국의 첫 번째 노벨 평화상 수상자가 된 김대중 대통령은 "다시없는 영광으로 생각한다. 오직 감사할 뿐이다. 오늘의 영광은 지난 40년 동안 민주주의와 인권, 그리고 남북 간의 평화와 화해 협력을 일관되게 지지해 준 국민들의 성원 덕분이다. 이 영광을 우리 국민 모두에게 돌리고자 한다."는 소감을 발표하였습니다.

김대중 대통령의 노벨 평화상 수상은 대한민국 대통령으로는 처음으로 북한 땅을 밟고, 북한의 김정일 국방 위원장과의 만

남을 이뤄 내는 등 한반도 평화를 위한 지대한 노력에 국제 사회가 지지를 보내는 것이라 할 수 있습니다. 그뿐 아니라 남북한 통일과 세계 평화에 대한 기대와 희망이 반영된 것이었다고 할 수 있습니다.

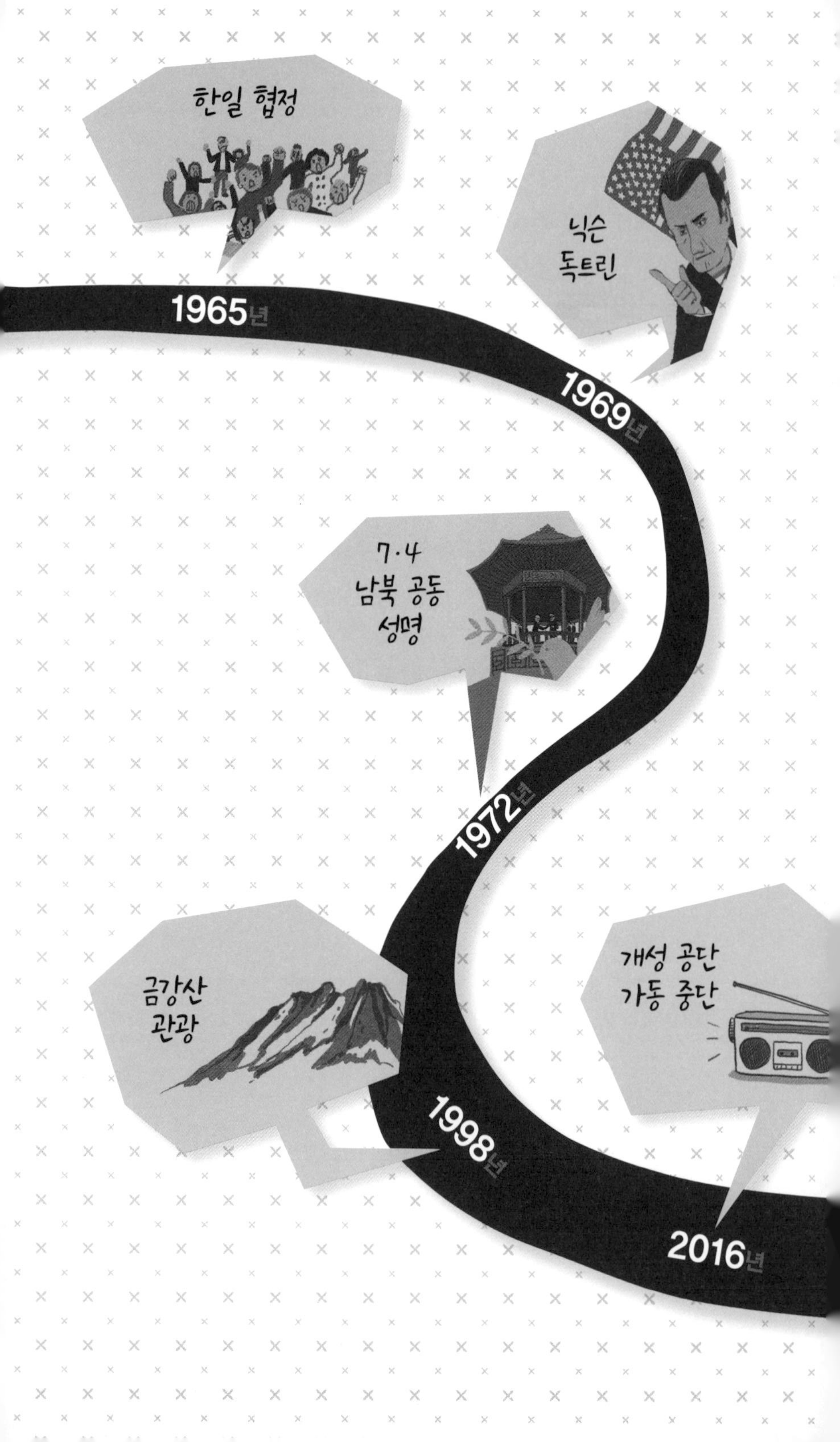
한일 협정
1965년
닉슨 독트린
1969년
7·4 남북 공동 성명
1972년
금강산 관광
1998년
개성 공단 가동 중단
2016년

7장

북한 그리고 이웃 나라와의 관계는?

36

한일 협정으로 배상 문제가 끝났을까?

1965년 8월 14일 국회에 '한일 협정 비준안'이 상정되었습니다. 박정희 정권과 여당은 "지난날의 슬픈 기억과 아픈 상처를 딛고 새로운 미래를 열어 나가야 된다."고 강조하며 한국과 일본 간의 국교 정상화 추진을 위한 입법을 단행하였어요.

한일 협정 비준안을 둘러싸고 여야는 극렬하게 대립하였죠. 한일 협정 비준안은 국민과 야당의 반대에도 불구하고 여당 의원들만 참석하여, 참석 의원 111명 중 가 110표, 기권 1표로 통과되었어요. 기권 1표를 행사한 인물은 여당 의원이었던 박현숙입니다. 박현숙은 일제 강점기에 대한 애국 부인회를 이끌며 독립운동을 전개했고, 일제의 모진 고문에도 굴하지 않은 독립운동가였어요. 박현숙의 남편 김성업도 독립운동을 펼치다 일본 경찰의 고문으로 평생 후유증을 안고 살았죠.

한일 협정 비준안의 표결 결과를 확인하는 순간 박현숙은 눈을 감은 채 침통한 눈물을 흘렸어요. 박현숙에게 일본은 좀처럼 화해할 수 없는 국가였기 때문입니다. 당시 박현숙 의원은 가슴이 무겁고, 고통스럽다는 표현을 하였어요. 개인적으로 일본에 대한 감정을 완화시키거나 없앨 수 없다고 말하였죠. 일본에게서 받은 상처가 너무 깊게 박혀 있었고, 일본은 과거 그들의 야만스러운 행위에 대한 어떠한 사과의 말도 하지 않았기 때문에 더욱 그랬어요. 이런 마음은 대다수의 국민들도 마찬가지였죠.

1964년 3월 박정희 정부가 한일 외교 정상화 방침을 밝히자 전국 각지에서 대규모 시위가 벌어졌어요. 학생들과 시민들은 거리로 나와 "누구를 위한 한일 흥정이냐?", "굴욕적인 외교 절대 반대!"라며 시위를 벌였어요. 그러자 박정희 대통령은 전국에 비상계엄령을 선포하고 모든 학교에 휴교령을 내려 학생들의 시위를 막았습니다. 1965년 6월 한국과 일본은 한일 기본 조약에 도장을 찍었어요. 그리고 8월에는 여당 국회 의원들만 참석한 상태에서 한일 협정 비준 동의안을 의결한 것이었죠.

박정희 정부는 1960년대 초반부터 한일 간의 외교를 정상화하려고 했어요. 해방 이후 한국과 일본은 외교 관계가 단절되었죠. 일본이 한국을 침략하여 식민지로 삼았던 역사적 사실에 대해 아무런 사과나 반성이 없었다는 게 가장 큰 원인이었어요. 1961년 10월부터 비공개로 한일 회담이 열렸습니다. 그런데 시작부터 매끄럽지 않았어요. 한국은 과거 청산을 전제로 한일 관계의 수립을 중시했는데 일본은 과거에 연연해하지 말고 새로운 관계를 수립하자고 했기 때문이에요. 그리고 회담의 중요한 문제들인 대일 청구권, 어업권, 문화재 반환, 재일 동포의 법적 지위 그리고 독도 등에 관한 생각이 서로 달랐기 때문이죠. 뿐만 아니라 일본은 1965년 한일 협정에 자신들의 침략과 식민 통치가 불법적이고 잘못된 과거임을 글로 남기기를 거부했어요. 식민지 지배에 대한 배상을 이행하지도 않았죠.

"일본의 진정한 반성과 사과가 필요해"

일본은 경제 협력 자금, 독립 축하금이라는 명목하에 경제 지원을 하는 것으로 사과를 대신하려 했어요. 그리고 일제의 징용, 징병, 일본군 '위안부' 피해자들이 일본 기업이나 정부를 상대로 피해 배상을 요구하면 일본은 한일 협정으로 모든 배상이 마무리 되었다는 억지 주장을 하였죠. 이런 여러 가지 이유들 때문에 당시 한일 협정이 너무 급하게 추진되었다는 비판이 계속해서 나오고 있어요.

일제 강점기에 징용과 징병으로 끌려갔어도 제대로 배상받지 못한 피해자들, 그리고 일본군 '위안부' 보상 문제는 여전히 해결되지 않은 상태입니다. 전쟁으로 많은 국가들과 국민들이 고통을 당했는데도 일본은 아직도 식민 침략 사실에 대한 인정과 가해 사실에 대한 진정한 반성과 사죄를 하지 않고 있습니다. 이것은 한일 양국 간의 관계뿐 아니라 이웃 국가들 특히 동아시아의 평화를 해치는 일입니다. 잘못된 행동에 대한 반성과 과거의 잘못에 대한 공식적인 인정이 따라야 평화 공존의 미래를 전망할 수 있기 때문입니다.

37

독도는 누가 지켜 왔을까?

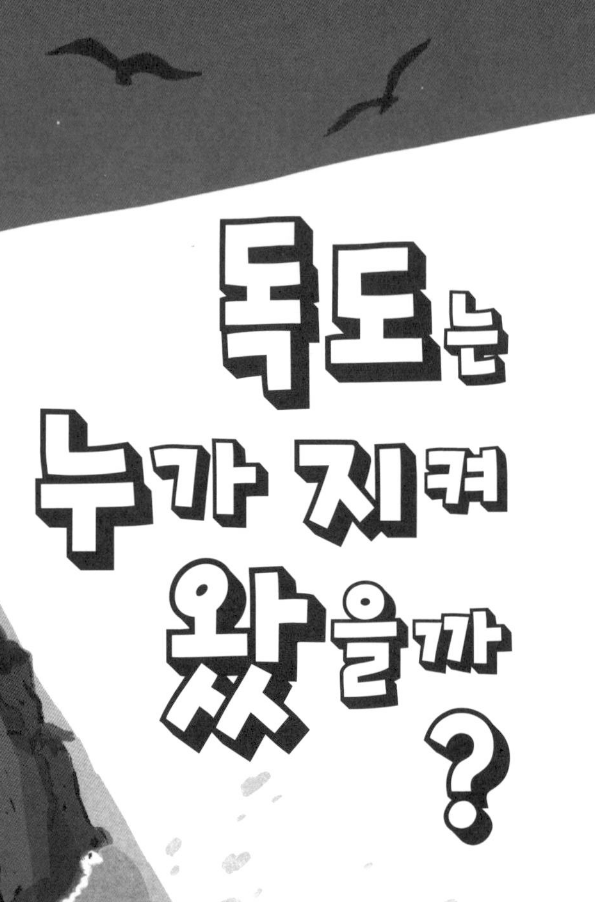

대한민국 동쪽 울릉도의 부속 섬으로 2개의 큰 섬인 동도와 서도, 그리고 주변의 89개 작은 섬으로 구성된 이 섬의 이름은 무엇일까요? 네, 바로 독도입니다. 독도에는 현재 주민등록상 거주민이 살고 있습니다. 그리고 이들 외에 독도 경비 대원 33명, 독도 등대 관리원 3명, 독도 관리 사무소 직원 2명이 근무하고 있습니다.

독도는 천연기념물로 지정되면서 공개 제한 지역이었으나, 2005년 3월에 동도가 공개 제한 지역에서 해제되어 일반인의 출입이 가능해졌어요. 이렇게 독도는 대한민국 국민이면 누구라도 들어갈 수 있는 대한민국 영토입니다.

해방 이후 무인도로 알려진 독도에 사람들이 머물며 지키기 시작한 것은 1953년부터였어요. 고기잡이를 나간 울릉도 어민들이 독도에서 일본인이 자기네 영토라고 표시한 푯말을 발견하고 놀라서 뜯어 버렸죠. 그리고 "대한민국 경상북도 울릉도 남면 독도"라는 푯말을 꽂아 놓았어요. 어민들은 몇 달 후 꽂아 두었던 푯말이 사라진 것을 발견하고 독도 의용 수비대를 결성하였습니다. 이들은 "독도를 지킨다. 어민을 보호한다. 자원을 지킨다."는 강령 같은 것을 만들기도 하였죠.

독도 의용 수비대는 1953년 6월 독도 부근에서 마음대로 실습을 하던 오키 수산고교 연습선을 붙잡아 사과를 받은 후 되돌려 보냈고, 독도 주변을 맴도는 일본 해상 보안청 순시함을 사격으로 위협하여 쫓아내기도 하였어요. 이후에도 일본 경비정들은 많을 때는 한 달에 3, 4차례 독도에 접근해 왔고, 수비대는 바로 쫓아냈지요. 독도를 지키는 수비 대원 33명은 당시 식수가 없는 독도에서 빗물을 받아 식수로 먹으면서 독도를 지켜 냈습니다. 그리고 독도에 우물을 파서 식수 공급이 가능하게 했죠. 이러한 수비 대원들의 노력으로 독도를 호시탐탐 노리는 일본으로부터 지켜 낼 수 있었어요. 1956년 12월 독도 의용 수비대는 독도 수비 임무를 경찰에게 넘겼습니다.

"독도 최초 주민 최종덕"

독도를 지키기 위해 실제로 거주했던 주민은 울릉도에 살던 어부 최종덕입니다. 1965년 그는 부인, 자녀와 함께 원래 거주지였던 울릉군에서 독도로 주민등록을 옮겨 완전한 독도 주민이 되었어요. 최종덕의 가족은 서도의 동쪽 벼랑 기슭에 슬레이트로 지붕을 얹은 토담집을 지어 정착했죠. 그는 소형 선박으로 고기잡이를 하는 어부로 "10년 전부터 독도에 나와 고기잡이를 해 왔는데 식수가 없어 정착을 못하다가 서도 서쪽 기슭에 샘을 발견하여 이사할 결심을 하게 되었다."며 거주 이유를 밝혔어요.

최종덕의 독도 정착은 당시 국제적으로나 정치, 지리학상으로 무인도로 되어 온 독도를 유인도로 규정할 수 있는 근거가 되었고, 무엇보다 독도가 대한민국의 실질적인 영토임을 보여 주는 것이었어요. 독도가 당연히 대한민국의 영토임을 밝히고 주장했던 사람들은 이들 말고도 많았습니다. 이렇게 많은 사람들이 노력했던 이유는 일본이 독도를 말도 안 되게 자신들의 영토라고 주장했기 때문입니다.

일본은 1905년 러일 전쟁 중 불법적으로 독도를 편입시켰다가 제2차 세계 대전 후 대한민국에 반환했습니다. 연합국 최고사령관의 각서에 따라서 독도는 일본의 관할 대상에서 제외되었죠. 일본은 이러한 역사적 사실을 무시한 채 독도에 대해 영유권을 주장하며 국제 분쟁 지역으로 만들려고 합니다.

그러나 독도는 역사적으로도 오랜 기간 동안 대한민국의 영토였다는 사실이 분명하게 기록에 전해지고 있습니다. 일본이 아무리 독도를 분쟁 지역으로 만들려 해도 이에 흔들리지 않고 대한민국 정부는 독도에 대한 기본적인 입장을 분명하게 가지고 있습니다. 그것은 "독도는 역사적, 지리적, 국제법적으로 명백한 우리 고유의 영토"라는 것입니다. 그러므로 독도에 대한 영유권 분쟁은 존재하지 않으며, 독도는 외교 교섭이나 사법적 해결의 대상이 될 수 없다는 점을 강하게 밝혔습니다.

38

자주국방

닉슨 독트린이 한국에 끼친 영향은?

닉슨 독트린은 1969년 미국 대통령 닉슨이 발표한 외교 정책을 말합니다. 독트린은 교훈, 주의, 학설의 의미를 가진 단어이며, 강대국의 외교 정책의 기본 지침으로 국제 사회에 공식적으로 선언한 원칙을 의미합니다.

1969년 7월 25일, 닉슨 대통령은 괌에서 백악관 수행 기자단과 가진 기자 회견에서 동아시아 동맹국들의 자주국방 능력 강화와 미국의 부담 감축 방침을 밝혔어요. 이 회견에서 닉슨 대통령은 "길지 않은 기간 동안 미국은 세 번이나 태평양을 건너 아시아에서 싸워야 했습니다. 일본과의 태평양 전쟁, 한국 전쟁, 그리고 아직도 끝나지 않은 베트남 전쟁이 그것입니다. 2차 세계 대전 이후 아시아처럼 미국의 국가적 자원을 소모시킨 지역은 일찍이 없었습니다. 아시아에서 미국의 직접적인 출혈은 더 이상 계속되어서는 안 됩니다."라고 선언하였죠.

닉슨 대통령은 구체적으로 동아시아 동맹국들에 대한 미국의 외교 정책의 원칙을 밝혔습니다.

1. 미국은 우방 및 동맹국들에 대한 조약상의 의무는 지킨다.
2. 동맹국이나 미국의 안전이 핵보유국으로부터 위협받으면 미국이 핵 방패를 제공한다.
3. 핵 공격 이외의 공격에 대해서는 당사국이 그 1차적 방위 책임을 져야하고 미국은 군사 및 경제 원조만 제공한다.

④ 군사적 개입을 줄인다.

"베트남에서 미군 철수"

닉슨 대통령의 이와 같은 외교 선언은 공산권에 대한 미국의 강경한 입장이 변했다는 것을 보여 주는 것이었어요. 당시 닉슨 행정부는 미국의 지원을 종래에 비하여 적절한 수준으로 낮추겠다는 새로운 전략을 짠 것입니다. 냉전 수행의 두 축인 유럽과 동아시아에서 미국이 이전과 같이 적극적인 역할을 맡기는 힘들다고 판단한 것이었죠. 수많은 인명 피해와 막대한 전쟁 비용에도 불구하고 베트남 전쟁에 개입하고 있는 미국에 대한 부정적 견해 및 반전 분위기 또한 정책의 변화에 영향을 미쳤어요. 미국은 1973년 공식적으로 베트남 전쟁에서 손을 뗐습니다.

닉슨 독트린은 한국에도 영향을 미치는 선언이었어요. 미국은 주한 미군의 인원을 줄이고 한국 국방력의 증대를 병행하도록 하였죠. 한국 정부는 미군 철수의 가능성이 높아지면서 큰 충격에 휩싸였습니다. 북한과 대치되어 있는 상황에서 주한 미군은 북한의 군사 도발을 억제하는 수단이기에 미군이 줄면 안보의 공백이 생길 것이라고 판단했기 때문이었죠. 그래서 한국 정부는 닉슨 독트린을 받아들이기가 힘들었습니다.

그러나 2년 뒤인 1971년 주한 미군 7사단 병력 2만여 명이 철수하였습니다. 한국 정부는 자주국방을 위해 한국군의 현대화 및 방위력의 강화에 주력하였어요. 미국은 중국과 핑퐁 외교를 통한 관계 개선에 적극적으로 나서며 국교 정상화를 꾀하는 긴장 완화의 시대를 열었습니다.

핑퐁 외교

1969년 닉슨 대통령은 중국과 대화 채널을 만들고자 하였고, 중국의 마오쩌둥 주석도 미국과 관계를 개선하고자 했다. 1971년 4월 미국 탁구 선수단 15명이 중국을 방문하였는데, 이들은 1949년 중화인민공화국이 수립된 이후 중국을 공식 방문한 최초의 미국인이었다. 미국과 중국의 관계는 계속 발전하여 미국은 1978년 대만과 국교를 단절하고, 1979년 중국과 수교하였다. 탁구공을 매개로 한 외교여서 '핑퐁 외교'라 불린다.

39

7·4 남북 공동 성명을 발표하게 된 까닭은?

1972년 7월 4일, 주요 일간지들은 남북 공동 성명 발표와 관련한 내용을 대서특필하였습니다. 기사의 내용은 "부모와 자식, 형과 아우가 총부리를 겨눈 지 4반세기, 금단의 땅이기만 했던 남과 북에 어느 사이 서로의 대표들이 오가고, 그들이 마련한 남북 공동 성명이 발표되던 4일 오전 10시 이 엄청난 소식에 방방곡곡 온 겨레는 놀라움과 흥분 속에 한때 말도 잊었다."는 것이었습니다.

이날 사람들은 라디오와 텔레비전, 신문사 벽보판 앞에 몰려 믿어지지 않는 뉴스에 어리둥절해했고, 각 직장에서는 한때 업무가 중단되기도 했습니다. 사람들은 남과 북을 나누는 사슬이 한 가닥 풀렸다는 사실에 반가워하고 설렘을 느끼기도 했지만 다른 한편에서는 경계를 늦추면 안 된다는 신중론이 제기되었죠.

당일 일간지들은 "높은 사람들이 서둘러서 통일을 하루 빨리 실현시켜 주었으면 한다."거나 "북한에 있는 가족들을 빨리 만나 볼 수 있으면 좋겠다."는 등의 기사를 많이 실었어요. 이것은 20여 년이 지났지만 분단을 극복하고, 통일이 되기를 염원하는 마음이 얼마나 많았는지, 그 마음이 얼마나 컸는지를 잘 보여 주는 것이었죠.

정부의 발표 이후에도 이 사실을 믿을 수 없다고 생각하는 사람들도 많았어요. 왜냐하면 1968년 1월 21일 북한 특수 요원 31명이 청와대를 기습하여 박정희 대통령을 제거하려다 미수에 그친 사건이 있었고, 이틀 뒤인 1월 23일 북한이 미국 정보함인 푸에블

로호를 납치한 사건이 있었기 때문이죠. 이후 1970년대 초반까지 남북한의 긴장은 극에 달해 있었어요. 이러한 상황으로 인하여 한국에서 '제2의 6·25 전쟁'이 일어날 가능성이 있다는 우려도 많았죠. 그러니 남북한 당국이 분단 이후 처음으로 통일과 관련하여 합의, 발표한 7·4 남북 공동 성명은 상상할 수 없었던 역사적인 일이었습니다.

"남북한이 통일 원칙에 합의하다"

7·4 남북 공동 성명이 성공적으로 이루어질 수 있었던 것은 1972년 미국과 중국 사이에 국교가 정상화되고, 긴장이 완화되어 가던 시대적 상황과 관련이 깊습니다. 대한민국의 이후락 중앙정보부장과 북한의 박성철 제2 부수상이 평양과 서울을 비밀리에 오가며 김일성과 박정희를 예방하고 남북 대화를 시작한 결과 7개항의 공동 성명을 채택하였어요. 남과 북은 남북문제를 외세에 의존하거나 간섭받지 않고 자주적으로 해결하며, 무력행사를 하지 않고 평화적 방법으로 실현하고, 사상과 이념·제도의 차이를 초월하여 하나의 민족적 대단결을 도모한다는 통일 원칙에 합의하였죠. 자주적 통일, 평화적 통일, 민족 대단결의 통일 원칙을 강조한 것이었습니다.

나아가 남과 북은 신뢰 분위기를 형성하기 위하여 상대방을 헐뜯지 않으며, 무력 도발을 하지 않는다는 것과 남북 사이에 다방면의 교류를 실시하기로 합의하였어요. 이를 위해 남북 양측은 서울과 평양 사이에 직통 전화를 개설하고, 남북 조절 위원회를 운영하자고 합의하였죠.

1972년 11월 남북 조절 위원회는 정식으로 출범하고 1973년까지 평양과 서울을 오가며 3차례에 걸쳐 회담을 진행하였어요. 그러나 남한이 학술, 체육 등의 교류를 중요시하였다면 북한은 정당, 사회단체의 회의 개최 등을 우선적으로 내세우며 의견을 달리하여 제대로 진행되지 못했죠. 결국 1973년 8월 중단되고 말았습니다.

게다가 7·4 남북 공동 성명 발표 이후 대한민국은 1972년 10월 유신 헌법을 공포하였고, 북한도 1972년 12월 사회주의 헌법을 채택하는 등 자신들의 체제를 굳혀 나갔어요. 남북 공동 성명의 통일 논의를 자신들의 권력을 강화하는 데 이용한 것이었죠.

그럼에도 7·4 남북 공동 성명은 서로 실체를 인정하고 관계를 맺어 나갈 수 있는 실마리를 제공해 주었다는 점에서 그 의미가 컸습니다. 그리고 자주적 통일, 평화적 통일, 민족의 대단결이라는 남북한 사이의 통일 원칙은 여전히 남북 관계 논의의 기본이 되고 있습니다. 실제로 이후 정권은 7·4 남북 공동 성명을 출발점으로 남북 관계를 개선해 나갔어요.

40

금강산 관광은 어떻게 시작되었을까?

1998년 6월 16일 83세 노인이 소 떼 500마리를 몰고 판문점을 넘어갔습니다. 이 지역은 민간인 출입 통제 구역으로 자유롭게 드나드는 행위가 불가능한 곳이었어요. 그러나 이날 이분에게는 출입이 허락되었습니다. 이분은 누구일까요?

17세의 정주영은 북한 지역인 강원도 통천군 아산리의 고향 집에서 70원을 가지고 몰래 집을 나왔습니다. 이 돈은 아버지가 소를 판 돈이었죠. 소년은 서울로 내려와 쌀집 배달원, 자동차 수리공 등 여러 일을 했습니다. 그리고 건설 회사 사장을 거쳐 세계적 기업인 현대그룹을 설립하였습니다.

1998년 6월 정주영 회장은 고향에 빚을 갚기 위해 소 500마리를 끌고 분단의 벽을 넘은 것이었죠. 적십자사 마크를 단 흰색 트럭 수십 대에 실린 소들이 판문점 북측 지역을 먼저 넘었고, 정주영 회장은 판문점 중립국 감독 위원회 회의실을 지나 도보로 군사 분계선을 넘었습니다. 처음부터 소 떼를 몰고 갈 때 반드시 판문점을 통과해서 가겠다는 조건을 북측에 내걸어 수용하도록 한 거예요. 여기에는 분단의 장벽을 허물고 싶다는 뜻이 담겨 있지요.

정주영 회장은 판문점을 넘기 전에 "이제 그때 그 한 마리의 소가 500마리의 소가 돼 지난 빚을 갚으러 꿈에 그리던 고향 산천을 찾아갑니다. 이번 방북이 단지 한 개인의 고향 방문을 넘어 남북이 같이 화해와 평화를 이루는 초석이 되기를 진심으로 기원합니다."라고 밝혔지요.

정주영 회장은 8일 동안 북한에 머물면서 평양, 원산, 금강산 및 고향인 통천 등을 방문했습니다. 그리고 북측 관계자들과 만나 금강산 관광 개발 사업, 서해안 공단 사업 및 전자 관련 사업 등을 추진하기로 합의하였어요.

정주영 회장은 4개월 후인 10월에 2차로 다시 501마리의 소를 몰고 북한을 방문했습니다. 두 차례에 걸쳐 모두 1,001마리의 소를 북으로 보낸 것이었죠. 1,000마리가 아닌 1,001마리의 소를 생각해 낸 것은 앞으로도 계속 북한을 지원하겠다는 의지를 담은 것이었어요. 그리고 소들 중에는 배 속에 새끼가 있는 소가 많았는데, 조금이라도 북한에 도움이 되었으면 하는 마음에서 보냈다고 했지요. 외신들은 미국과 중국 사이의 '핑퐁 외교'에 비교하여 남한과 북한 사이의 '황소 외교'라고 말하기도 하였어요. 지구상의 유일한 분단국가인 남북한이 최초로 휴전선을 열었다며 크게 보도하였죠.

"민간 교류가 중요해"

소 떼 방북은 당시 외환 위기 직후 어려운 경제 상황 속에서 남북 관계가 풀리고 민간 차원의 경제 협력과 교류가 증가할 것이라는 희망을 안겨 주었습니다. 2차 방북 직후 1998년 11월 18일 '금강호'가 첫 출항을 했어요. 유람선 관광으로 시작된 금강산 관광은 2003년에는 육로 관광으로 발전했지요.

1999년에 설립된 현대아산은 금강산 관광과 남북 경제 협력의 상징인 개성 공단 사업을 이끌어 나갔어요. 경제 분야뿐 아니라 남북한의 민간 교류나 문화 체육 교류도 꾸준히 이어졌어요. 민간 교류가 활성화되면서 남북 관계도 매우 유연해져서 2000년에는 김대중 대통령과 김정일 위원장의 정상 회담도 성사되었죠.

2008년 관광객 피격 사건으로 금강산 관광이 전격 중단되기까지 금강산에 195만 명의 남한 관광객이 다녀왔습니다. 그리고 개성 공단에는 120여 개의 남한 기업이 북한 근로자 5만여 명을 고용하여 물건을 생산해 냈습니다. 공단을 개성에 정한 것은 개성이 판문점에서 4킬로미터 정도 떨어져 있어서 물건을 만들어 남쪽으로 가지고 내려오기 쉬웠기 때문이었죠.

이와 같이 남북 협력 사업은 남북 교류를 활성화하여 통일 후 일어날 충격을 대비하는 목적과 더불어, 상대적으로 인건비가 저렴한 북한 노동력을 활용해 경쟁력 있는 상품을 생산하고 북한 역시 지역 경제를 활성화시킬 수 있다는 점 등의 의미가 있습니다. 2007년부터 본격적으로 운영되기 시작한 개성 공단은 2016년 박근혜 정부가 제4차 핵 실험과 미사일 도발을 이유로 중단시키기까지 '성공적인 남북 경제 협력 사업 모델'이었습니다.

질문하는 한국사5 현대
독재와 혁명 속에서 시민이 성장했다고?

초판 1쇄 발행 2020년 12월 30일
초판 2쇄 발행 2022년 9월 7일

지은이 김수자
그린이 나오미양
펴낸이 이수미
편집 이해선
북 디자인 신병근
마케팅 김영란

종이 세종페이퍼 인쇄 두성피엔엘 유통 신영북스

펴낸곳 나무를 심는 사람들
출판신고 2013년 1월 7일 제2013-000004호
주소 서울시 용산구 서빙고로 35 103동 804호
전화 02-3141-2233 팩스 02-3141-2257
이메일 nasimsabooks@naver.com
블로그 blog.naver.com/nasimsabooks

ISBN 979-11-90275-29-3
979-11-90275-08-8(세트)